穿越历史的村镇

CHUANYUE LISHI DE CUNZHEN

左其诚 赵晓龙 刘征军 编著

未来出版社

图书在版编目(CIP)数据

穿越历史的村镇 / 左其诚，赵晓龙，刘征军编著.
— 西安 : 未来出版社，2016.5
ISBN 978－7－5417－6064－8

Ⅰ. ①穿… Ⅱ. ①左… ②赵… ③刘… Ⅲ. ①历史故事－作品集－中国 Ⅳ. ①I247.8

中国版本图书馆 CIP 数据核字(2016)第 101101 号

穿越历史的村镇

左其诚　赵晓龙　刘征军　编著

选题策划：孟讲儒　张忠民　赵党玲
图书统筹：赵党玲
责任编辑：赵党玲　张忠民
封面设计：许　歌
内文制作：未来图文工作室

出版发行：未来出版社
地　　址：西安市丰庆路 91 号
邮　　编：710082
电　　话：029－84299039　84289329
经　　销：全国新华书店
印　　刷：西安国彩印刷有限公司
印　　张：18.75
开　　本：700mm×1000mm　1/16
版　　次：2017 年 3 月第 1 版
印　　次：2017 年 3 月第 1 次印刷
书　　号：978－7－5417－6064－8
定　　价：50.00 元

推荐序

“故乡何处是，忘了除非醉”

傅功振

一睹《穿越历史的村镇》样书，即有一种少有的清新淡素、儒雅不俗的感觉。该书是未来出版社副总编辑孟讲儒先生策划的选题，由左其诚、赵晓龙、刘征军三人联合编著而成的一部通俗读物。我以为，该书一是选题新颖，紧紧抓住当前重视古村镇保护这个热点话题；二是选择了西安人熟悉的周边地区极有代表性的名村名镇；第三，最可贵的是，就每个村镇，话古论今，既有历史的厚重，又有现代的风光，真可谓“穿越历史”，使人耳目一新，雅俗共赏。我为该书点赞！既感谢选题策划新颖独到，又感谢作者大量田野调查的劳苦艰辛与耐住寂寞、探微穷究的精神。

我这里主要谈谈关于古村镇保护意义及乡愁的理解问题。

一、保护古村落就是保护中华文化传承基因的储存库

习近平总书记在湖北考察时特别强调，实现城乡一体化，建设美丽乡村，不能大拆大建，特别是古村落要保护好。

传统村落，承载着历史的基因。冯骥才说过：“每个村落都是一个巨大的文化库，储藏着极其丰富的非物质的精神文化遗产。”古村落负载着内涵丰富的传统生产与生活方式，天人和谐的人居空间与恬淡平和的乡村生活形态，充分体现中国传统风水与美学的田园环境——其实每个村落都是中华文化传承基因的巨大储存库，消失一个古村落就意味着一个文化基因库的消失。陕西古村落的保护、研究更应该引起我们的高度重视。如西安长安区一共有1664个自然村，除了新中国成立后44个自然村是用的新名字以外，其余全部是清代以前的名字，而66%以上都是唐代以前的名字，长安区这1600多个村的名字就是周秦汉唐时代的记载，这些古村落都是我们研究长安的非常有价值的资料库。

古村落消失是很可悲的。如户县秦渡镇，就是西周时期的丰京之地，位于沣河西岸，丰城旧址还存在。我前几年到秦渡镇去，只剩了20几间已经半倒塌的老房子，街道两边，盖着千篇一律，不中不洋的两层楼房，美其名为商业用房。秦镇现在的街道能吸引人吗？秦镇米皮遍布全国，甚至世界多地，它毕竟是省级非物质文化遗产代表性保护项目，这种现象耐人深思。《穿越历史的村镇》中这样描写秦镇："作为沣河的一处重要渡口，又处在古代客商由关中入秦岭、进巴蜀的交通要道，很早就是连接关中到巴蜀古道上的一座重镇。南来北往做生意的人很多，码头上日夜灯火辉煌，喧闹、繁华的景象令人如痴如醉，成为京广杂货、土产山货、粮食棉油的集散地和贸易中心。至明代时秦渡镇的商业得到了很大的发展，这里的集贸交易甚至比户县县城还要兴旺，形成了较为完整的商贸体系。"反差何其大！

在西安乃至三秦大地上，现存的古村镇因镌刻着千百年印记而弥足珍贵。这些村镇历经世事变迁却生生不息。那保存至今的一砖一瓦，一草一木，无不凝聚着最质朴的乡间民俗，无不讲述着最原汁原味的华夏民风。随着时代变迁，这些曾经孕育了文明、传承着文明的古村镇正急遽退出人们的视野。像策划与撰写《穿越历史的村镇》的作者这样，探寻记录，整理挖掘，保护与传承，让越来越多的人开始关注这些"瑰宝"的命运，使后人能感受到纯朴的乡情，找到传统文化要素，把那些具有保护价值的古村镇保护下来，是我们这一代人义不容辞的责任担当。

二、永远不会忘却的故乡情怀

"故乡何处是，忘了除非醉。"这是宋代著名词人李清照《菩萨蛮》里的诗句。古往今来，故乡一直是被人们谈论最多的话题，树高千尺，叶落归根，故乡情怀，永远都是游子的至诚抒怀。正如西晋王赞《杂诗》里所说:“人情怀旧乡,客鸟思故林。”怀念故乡是一种心灵的需要,是对亲情、友情的渴求,是自己天真无邪的情怀的必然释放。我以为,所谓乡愁,字面意义就是对秋的收获的心里牵挂,引申为对家乡的牵挂,思乡的心情。后世文人墨客将乡愁视为秋愁;渲染为悲哀、悲伤、悲切、悲凉。总之是秋愁,秋愁不可取,“悲秋”完全是个人伤感情绪的宣泄。春华秋实,硕果累累。听听儿歌《月光光》:“月光光,照谷场,谷场上,农人忙。今年稻谷收成好,家家户户乐陶陶。”故乡既是生命诞生的摇篮,又是至亲养育自己的圣地,不管你长大后身在何处,时刻都会思念着她,牵挂着她。我以为,乡情总是离不开童年的回忆,没有功利的权衡,不需要礼仪的拘谨,哭笑跃跳,皆由情出,何等自然纯真,洒脱无羁,“美不美,家乡水;亲不亲,故乡人。”尤其对于流寓他乡的游子,一句乡音就足以令他热泪盈眶,心起波澜。对故乡的爱,是一个人最真诚炽热的情感。乡情其实是亲情,是以亲人为纽带的情感体验。2015 新年伊始,习总书记赶赴云南考察调研时,对“城镇化”做出了深刻诠释,指出:“什么是城镇化?城镇化就是要让农村和农民享受和城市一样的(公共)服务。必须留住青山绿水,必须记住乡愁。”

相对于中华“家国同构”的文化基因,祖国,就是家乡的放大,只有热爱家乡的人才能谈得上热爱社会,热爱国家。所以,海外华侨以及外籍华人,都称“中国老乡”,他们对祖国的刻骨铭心、永无停歇的挚爱,就是乡情的凝聚与升华。正如心理学阐述的,情绪和情感,都是人对客观事物所持的态度体验。只是情绪更倾向于个体基本需求欲望上的态度体验,而情感则更倾向于社会需求欲望上的态度体验,家乡就是这种情感的最直接体验。社会是以大家为中心、以集体利益为中心。洞察和理解社会,会使自我更加自律、更加宽容、更加融合,情感更加成熟。一旦与集体同呼吸共命运,与国家、民族、世界人民同呼吸共命运,甚至为全人类奉献自己,即拥有一种更高层次的心境,即情怀。爱国就是爱家的升华,是对自己祖国的一种诚挚的热爱和深厚的情感，也就是一种高尚伟大的情怀 。

“必须记住乡愁。”就是以传统村落为载体，留住青山绿水，以乡愁为情感基础，筑牢亲情乡思，以优秀的传统文化为核心，提升人文情怀。

《穿越历史的村镇》一书，由于涉及的古村镇太多，不仅跑遍西安各地区，更要翻阅大量的历史资料，难免跑有不到，阅有疏漏，也有些历史资料的占有与理解的局限性等等，但毕竟瑕不掩瑜。

受命作序，不敢担当。草草翻阅，未尽琢磨。肤浅感言，聊以为序。

推荐序

关于作者与《穿越历史的村镇》的由来

王　智

2005年的一天，曾经与我同在文化局共事的王秉勋给我介绍了一位剪纸艺人——住在下马陵附近的左其诚老师。我一直在乡野奔走寻找艺人们，每结识一位艺人都有如获至宝的感觉。

说是艺人，左老师自谦地说自己从未把自己当作艺人，算是票友一类吧。20世纪80年代他在3507厂工作，也许厂里的老裁缝们都是使用剪刀的高手，那时候谁家结婚办喜事都要找人剪喜字。左老师无意中剪的喜字大家都说好，于是他在不断为厂里工友们的服务中开始摸索剪纸的奥妙，直到2005年获得了安徒生国际剪纸展览的奖项，虽然这时候的他早已下岗。很难把他称作是民间艺人，要创作就要钻研剪纸的历史文化背景，他的剪纸题材有许多是西方文化背景，我也是从他的作品中才知道安徒生也是剪纸大家。左老师的剪纸系列很受国内外友人青睐，他的长卷《八十七神仙卷》更需要缜密的布局和严谨的绘画功底。

于是，2008年左老师代表西安参加了瑞士日内瓦国际博览会，不仅仅在于剪纸，他还担任皮影、布艺等的推介讲解。非遗更讲究原生态，左老师自谦他的不断创新的剪纸不符合非遗的标准，当不了传承人就当个非遗志愿者吧。于是我们常常一起下乡，跑遍了西安的上千个村落，做人朴实的他文笔也一样朴实，有条理。2011年我们一起写了政协文史资料《西安市非物质文化遗产》，2012年我们共同为《陕西剪纸志·西安卷》撰稿，其间不断求教陈山桥、王宁宇等陕西民间美术界的权威，求教于考古、民俗专家刘合心，求教于非遗专家委员会的民俗专家傅功振、社科院的赵宇共、政协文史委员会的祝君利等一大批老师。剪纸作为世界级非物质文化遗产，西安又作为中国剪纸的发祥地，他深深植根于西安的历史文化沃土中。写书的过程中，我们得以对西安近百年来的历史脉络、民俗源流进行了梳理。

一个偶然的机会，陕西戏曲广播的主持人袁博邀我们走进电台直播间讲一次年俗中的戏曲窗花，结果讲完了，她立即给台里策划了一个长期栏目，这一讲就是一年半，既按照一年的节气讲民俗，又按照西安的地域讲历史文化，其间又在各种广播电视，以至于省市电视台直播间讲解民俗，每一次左老师都认真备写提纲，渐渐地他的提纲汇总出来成了一个专题讲座——《二十四节气》。后来又由节气讲到西安每一个乡镇、村落、街道的地域文化，洋洋洒洒，终于这些讲稿被西安电视台长期关注他的刘征军女士发现，于是补充完善才有了今天的《穿越历史的村镇》。

《穿越历史的村镇》是从西安周边百余个古老村镇中选取了十几个有着厚重历史文化积淀的古镇，她们曾经或是中国历史上重大事件发生地，或是在中国文化发展进程中有着重要影响的地位。通过阅读，有助于了解这些古镇曾经所发生的故事和其发展历程以及今天的沧桑演变。同时也对西安这所十三朝古都，保留下了伟大的物质文明以及弥足珍贵的非物质文化遗产的历史文化和历史地位有一个新的认识。

村镇——人类的童年

赵晓龙

作为世界四大文明古国之一的中国，与其他文明古国相比，尤其是与古希腊等典型海洋文明的国家相比，古代中国在发展农耕经济方面无疑具有得天独厚的地理优势。广袤的高原与辽阔的平原从西向东按地理阶梯分布着，黄河、长江等大河大江横亘东西，由于自然环境比较优越，远古人类的聚落遗迹分布尤以黄河流域最为密集。奔腾蜿蜒的黄河所流经的黄河中下游地区在中唐以前一直是古代中国经济最发达的区域。在此期间，长期作为历代王朝都城所在地的长安城更是一座人口集中、经济繁荣、文化璀璨、闻名海内外的国际化大都市。不仅是因为长安作为历代王朝政治中心的优越地位，更因为长安地处沃野千里、水利发达的关中平原，具有同时代其他城市无可比拟的天然优势。

在古代中国这个以农耕文明著称的国度里，农村就是古代中国社会结构中最底层的基层组织，现代亦是如此。可以想见，远古人群分布在气候适宜、地势平坦、河流静谧的关中平原上，华夏远祖们过着日出而作、日落而息的生活，他们用勤劳的双手和辛勤的汗水经营着平淡的生活。在日复一日、年复一年的辛勤探索中，人们改造自然的能力不断提高，人口也逐渐增殖，由原始聚落慢慢发展成固定的、具有一定规模的村庄。而一些处于水陆交通枢纽，或者山口关隘位置的村落逐渐脱颖而出，经济不断向前发展，人口数量逐渐增长，村落的规模越来越大，渐渐发展成了经济繁荣、人口集中、文化活跃的市镇。

人多了，故事也就多了，由于英雄和杰出人物的足迹遍布其间，历史文化也因此丰富起来。

传统村落，承载着历史的基因，是许多人儿时的家园。著名导演吕克·贝松曾说："童年是人类的父亲。"从这个意义上说，村落就像是"人类的父亲"。冯骥才说，我国的物质文化遗产最大的是长城，而非物质文化遗产最大的就是村落。随着时代的发展，我们已经快速地步入了“来势汹汹”的工业社会，我们大多数人把目光越来越多地聚焦在了繁华的大都市。随着城市经济的发展，人口的剧增，城市的规模越来越大，城市的边缘不断向外扩张，昔日备受冷落的乡村也逐渐在城市的扩张中消亡。正如冯骥才说的，我国的很多传统村落就像一本厚厚的古书，“只是来不及翻阅，就已经消亡了”。十三朝古都的西安，是中国历史上建都朝代最多、影响力最大的都城，是中华文明的发祥地。因为长安无与伦比的政治中心地位，繁盛的中华文化曾经长时段地在这里会聚、融合、创新，并从这里剧烈地辐射开来，向外不断扩散，流向遥远的世界。如果把长安比作杰出人物活跃的大舞台的话，那么这些分布在市区郊县的村镇则是他们登上舞台中心的助跑场与休憩地。在这些乡野村镇里，都曾经发生过一些对中国历史发展进程产生过影响的历史事件，也蕴藏了许多鲜为人知的逸闻秘事。

经过长期的实地考察，我们遴选了西安市辖区范围内19个历史悠久、文化积淀深厚的村镇，希求较为全面地展示它们的自然风貌、历史渊源和文化积淀，挖掘其中的民间传说、人物轶闻、历史事件等，追寻这些村镇发生的历史事件对中国历史文化的影响，同时以历史文化故事中所反映出的真善美对青少年进行人文熏陶，提高他们的人文素养。

正如有的学者说“爱家才能爱乡，爱乡才能爱国”。19世纪英国著名的诗人柯尔律治也说过“爱家的人才能爱国”，可见中外诸士对家乡在个人心目中的地位的认识是一致的。在自然界中，落叶终究会回归到根的脚下，人大抵也是如此。在每个人的心底，家乡，就是在夜阑人静时最能拨动归思的那根弓弦。家乡，就是承载了美好童年的地方，也是给回忆的人带来无穷欢乐的源泉。

时光倥偬千年后，往事如烟岁月幽。

在我们憧憬国家富强、民族振兴、人民幸福的中国梦时，更需要每个炎黄子孙脚踏实地的辛勤努力和坚持不懈的奋斗，我们编纂这本书的目的就是想让本土读者了解自己家乡的历史变迁和昔日风华，激发我们建设家乡的豪情。同时，也借此让所有读者了解西安，了解那些尘封在十三朝古都的黄土地里的神秘往事，认识西安历史文化古村镇的历史地位与重大价值。

目录

西安市

蓝田县

长安区

穿越历史的村镇

丝路之源

三桥古镇

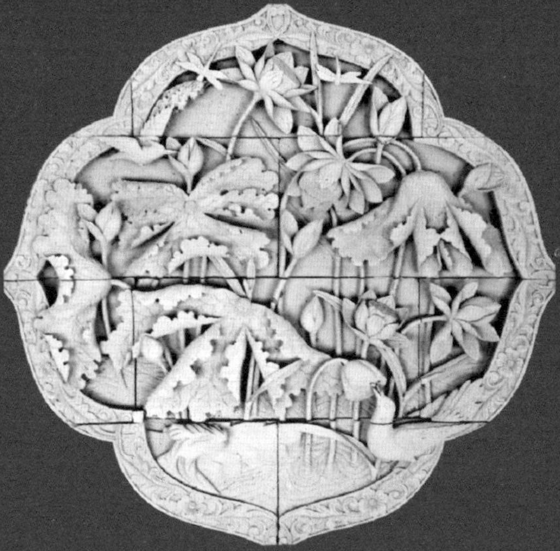

丝路万里三桥起，驼铃悠远贯中西。
秦宫汉殿奢华尽，古道蜚声盛世遗。

驼铃依稀，羌笛悠远，沉睡两千年的丝绸之路，再一次引起全世界瞩目。

2014 年 6 月 22 日，在卡塔尔多哈举行的第 38 届世界遗产大会上，中国与吉尔吉斯斯坦、哈萨克斯坦联合提交的“丝绸之路：长安—天山廊道的路网”被正式列入世界遗产名录。

丝绸之路穿越两千多年时空，横跨亚欧非数十国，是一条不同地域的文明和各个民族交流融合的文化之路，也是沟通亚洲、欧洲、非洲

汉代长安图

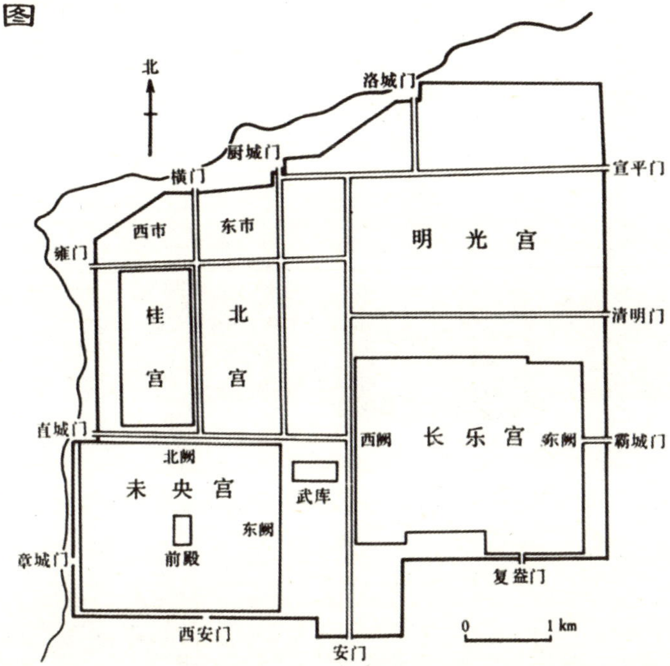

汉长安城平面图

之间政治、经济和文化的大动脉。这条横亘东西、连接世界、闻名中外的丝绸之路起点就在汉长安城西郊的三桥古镇。

西去锁钥镇长安

三桥古镇，即今天西安市未央区的三桥街道。东临未央区未央宫街道，西接咸阳市沣东街道，北与六村堡街道毗邻，南临鱼化寨街道，皂河从建章路东侧流过，注入渭河。皂河原名漕水，后人误将“漕”读成“皂”，“漕河”衍化成“皂河”。它是一条人工河，源于长安区申店乡潏河北侧，据《汉书》记载，早在汉武帝元光六年（公元前129），就已经穿漕渠通渭。

秦、汉、隋、唐先后在咸阳、长安建都。为了沟通渭河两岸交通，便

皂河湿地公园

渭河

于京师与各郡、国、州、县的联系，先后在渭水上不断建桥。

自古以来，在当地设有东、中、西三座桥梁，故称此地为“三桥”。据唐代司马贞撰写的《史记索隐》记载：渭桥有三：通咸阳路者曰西渭桥；通高陵路者曰东渭桥；在长安城北者曰中渭桥。又根据《旧唐书·李晟传》记载：唐兴元元年(784)，唐德宗自兴元府(今陕西汉中)回到长安，大将李晟身着戎装在三桥迎接圣驾，据此可以推断唐朝已将此地叫作“三桥”了。

现在的三桥立交夜景

渭河三桥地处交通要冲，唐朝政府派人严加守护。三桥各设守桥丁 30 人，分为 4 班昼夜轮值：每年五月初一至九月十五为汛期，在此期间守桥丁离家不得超

汉长安城城墙遗址

过10里，以便遇到险情能及时前往抢修。一遇水涨，守桥丁必须立即赶赴桥头查看水情。三桥另各配木工8人，也按4班轮值。一旦水流冲毁大桥时，三桥的守护桥丁必须立即集中，与桥所在州县的雇募夫役一起抢修。

明代，三桥正式建镇，隶属于当时西安府长安县所辖，清沿明制，三桥之名一直延续到现在。三桥从古至今都是从西北进入西安的锁钥之地。

沟通南北中渭桥

中渭桥，秦代时叫作渭桥。秦始皇统一天下之后定都咸阳，祖庙及章台宫（现三桥镇高堡子村一带）、上天台等皆在渭河南岸，于

● 汉城湖遗址公园内大汉雄风浮雕

是在渭河上架设桥梁以沟通南北，方便往来。因中渭桥位于长安城横门外，故称横桥。东汉末年，董卓由西凉进入关中时，烧毁了中渭桥。之后，曹操又重建，宽度缩小为三丈六尺。东晋永和十二年(356)，前秦苻生征发关中百姓，修治中渭桥。南朝刘裕进入关中，此桥又焚毁。北周时再次修建，此后中渭桥又多次毁弃与重修，直至隋唐时期。中渭桥是秦汉唐时期社会经济、文化、军事行为的要道。

唐太宗贞观十年(636)与唐玄宗开元年间，宫府对中渭桥有过两次大的重修，桥基的位置略有变动。开元年间修建工程比较浩大，由京兆尹总揽修造任务，京兆府所辖各县全部参与。开元十三年(725)桥修成后，大大方便了京城南北的交通，向南可以翻越秦岭直通商洛，向北可以抵达鄜州(今陕西富县)、盐州(今陕西定边)。进士乔潭撰有《中渭桥记》碑文，现在碑石已经失传，碑文被收录在《全唐文》中。据碑文记载，桥是铁工、水工、木工利用农闲时间修造而成。但是没有提到石工，由此可以推测当时修建的应该是木柱木梁桥。

中渭桥到五代末年仍在使用，后周宗羁撰有《登渭桥》的诗。

中渭桥古桥墩遗址

渭水东去东渭桥

东渭桥在今西安市东北灞水、泾水汇入渭河的入河口的东侧。因为阳陵在高陵县境内，所以东渭桥也叫阳陵渭桥。汉高祖七年（公元前200）自栎阳迁都长安，汉高祖建造东渭桥向东连通通往栎阳的官道。以后历代都曾经修葺过，《史记》就有西汉景帝五年三月，宫府修阳陵渭桥的记载。

东晋末年，东渭桥仍然可以正常通行。北府兵大将刘裕率兵进攻后秦，其水军由黄河进入渭水，沿渭河上溯经东渭桥直至中渭桥下，登岸夺桥后，攻陷后秦都城长安，后秦灭亡。

唐代渭河河床北移，因此所修的东渭桥址位于汉代东渭桥的北边。

1967年在高陵县耿镇白家嘴村西南发现了东渭桥遗址和名为《东渭桥记》的唐代残碑一块。碑文记载，建桥时材料准备充足，在开元九年（721）冬十月动工，当年十一月八日完工，费时不足一月。由京兆尹孟温礼主持修建，工役征集范围涉及京兆府以及高陵、奉先、美原、同官、华原、三原、富平等县，具体负责官员包括出工各县的县令、县尉和高陵县主簿。

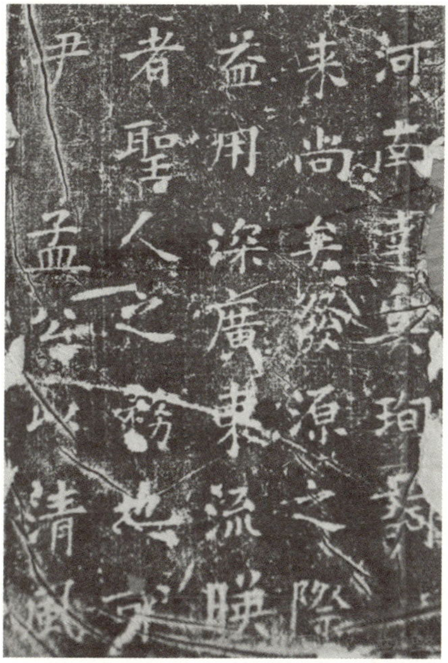

东渭桥残碑

1981年9月，陕西省文管会与高陵县文化馆对东渭桥遗址进行了钻探、发掘，已经发掘出桥南部青石桥墩2个，木桩、柱90余根，历代的铜钱、陶、瓷器及其他文物数十件，还有青石条及大量卵石等物。木柱桩为松木，青石条皆经粗加工。石条两侧均凿有梯形卯，与相邻两石条以铁栓板相连。木柱桩基以铁汁浇铸的卵石加固。桥宽10米左右，柱为松木排架墩式，迎水面有分水金刚墙，用青石砌成。

东渭桥建成后使用约百年又毁。唐代元和、长庆年间京兆尹崔元略为桥道使，主持东渭桥的复修事务。

唐文宗开成五年（840），日本高僧圆仁与其弟子随第十九次遣唐使入唐，由蒲州（今山西永济市）、同州（今陕西大荔县）、栎阳（今陕西阎良武屯）过东渭桥进入长安。圆仁回国后撰写了《入唐求法巡礼行记》一书，记述唐代高陵县的东渭桥，桥长500多米，渭桥镇在渭河北岸上。圆仁所说的东渭桥长度，与新中国成立后出土的桥址遗迹基本相符。

阅尽兴亡西渭桥

西渭桥始建于汉武帝建元三年（公元前138）。这一年，汉武帝在长安西边的右扶风郡槐里县茂乡开始为自己营造陵寝——茂陵（位于今兴平市东北），由中渭桥向西运送物资，必须出长安城北再折回向西，绕路费时。于是在汉长安城西出南头第一门——章城门（也叫光华门、便门）直对渭水的地方修建了一座便桥，亦称便门桥，是长安通往西方的咽喉之地。唐时，有便桥、咸阳桥、西渭河桥等三种称谓。它既是隋唐时期远道而来的西域商旅进入长安的门户，也是隋唐丝绸之路的东方起点。

公元前54年，匈奴呼韩邪单于被他哥哥郅支单于打败，南迁至长城外的光禄塞下，为与西汉结好，呼韩邪单于曾三次跨过西渭桥，进长安入朝觐，并向汉元帝请求和亲。王昭君听说后请求出塞和亲，她到匈奴后，被封为“宁胡阏氏”（阏氏，意思是“王后”），象征她将给匈奴带来和平、安宁和兴旺。后来呼韩邪单于在西汉的支持下控制了匈奴全境，从而使匈奴同汉朝和好达半个世纪。

唐代长安城在汉长安城的基础上向南移动，西渭桥直对唐长安城城西第一门——开远门，为西去的驿路必经之所，因此，西渭桥在唐代的军事、文化往来方面作用十分显著。

武德九年（626）八月，唐太宗李世民刚刚即位，东突厥颉利、突利两可汗率兵十余万人直逼长安。大军驻扎在城外渭水西渭之北，距长安城仅40里，京师大震，长安戒严，形势异常危急。太宗被迫设疑兵之计，亲率高士廉、房玄龄等六骑至西渭桥南，镇定自若，隔渭水与颉利对话，指责颉利负约。不久后唐大军赶至太宗背后。颉利见唐军军容威严，又见太宗许以金帛财物，便请求结盟。于是双方在西渭桥上杀白马订立盟约，突厥领兵而退。这就是有名的渭水之盟。此事件被后世传为美谈。

唐太宗雕像

这次事件对太宗震动很大，认为突厥反复无常，结盟也不足为信，促使太宗决定要彻底铲除叛乱的突厥。渭水之盟后，太宗加紧了战备，甚至亲自垂范练兵，军队的战斗力大大增强。

由于人性的沉迷、沦落，历史的悲哀总是循环上演。

天宝十五年(756）六月十三日，安禄山叛乱，攻陷长安。唐玄宗携杨贵妃等从大明宫入禁苑过西渭桥仓皇逃离，准备一路向西入蜀避难。杨国忠担心叛军追击，下令烧毁西渭桥。此时不理朝政、沉迷酒色许久的唐玄宗却动了恻隐之心，说叛贼由东而来，杀人越货，毫无人性，你怎么能烧毁这座可以向西逃命的生命通道呢？也许是出于良心的发现，当即派高力士亲自监督将士，将火扑灭，为长安的黎民百姓留下了一条逃生之路。

唐肃宗至德二年（757），郭子仪为驱走盘踞长安的安禄山、史思明的叛军，曾经率兵经西渭桥驻扎在灞水西岸。唐代宗时，西南少数民族吐蕃多次入侵长安，代宗下诏诸将率军屯驻在东、西渭桥，守卫京师长安。唐德宗建中四年（783）朱泚作乱，德宗命令韩游瑗拒朱泚叛军于西渭桥。

唐末战乱频繁，西渭桥毁坏。北宋乾德四年（966）重建，不久又被洪水冲毁，淳化三年（992）将桥迁建于孙家滩，至道二年（996）又在故址上复修。

西渭桥在北宋时称便桥。宋元以后，由长安西去或北往，商旅多经西渭桥出行。此后由于长安已经失去了昔日“九天阊阖开宫殿，万国衣冠拜冕旒”的地位，加上西北少数民族的兴起，长安成了明清王朝远征西北的军事基地。每个王朝建立之初，经历了农民起义洗礼的开国帝王尚能励精图治，但从小沉浸在歌舞升平、养尊处优的后代君王渐渐淡忘了开国的艰辛，麻木了守成的雄心，明清王朝也不例外。少数民族不断向中原内地入侵，西渭桥也在异族的入侵和风雨的侵蚀中逐渐消亡了。

明代嘉靖年间，在西渭桥故址处的渭河上冬春建舟桥，夏秋则以舟渡。清代嘉庆年间此处成为渡口，成了有舟无桥。

刀光剑影章台宫

秦汉时，由于三桥宫阙林立，所以保留了众多的历史遗址，著名的秦阿房宫、汉未央宫前殿、建章宫、太液池等基址都在这里。独特的区域让这里与许多重大的历史事件密切相关。

章台宫，为秦都城在渭河南岸的主要宫殿，秦昭襄王二十四年（公元前283）赵国使者遣蔺相如携带价值连城的和氏璧入秦，在此拜见秦昭王。蔺相如以他的智慧和勇气，在此留下了完璧归赵的故事。

公元前227年，战国末期，秦国实力强盛，大将王翦攻灭了韩、赵两国后，又向燕国进军。为此，燕国太子丹决定派荆轲前去秦都咸阳行刺秦王嬴政，以扭转危局。

风萧萧兮易水寒，壮士一去兮不复还！

为了报答燕太子丹的知遇之恩，荆轲和勇士秦舞阳带着逃到燕国的秦国叛将樊於期的头颅和燕国督亢地区的地图来到咸阳。

秦王嬴政十分高兴，就命令在章台宫接见荆轲。秦舞阳一见秦国朝堂那副威严阵势，不由得害怕得发起抖来。荆轲就赔笑对秦王说："粗野的人，从来没见过大王的威严，免不了有点害怕，请大王原谅。"秦王嬴政毕竟有点怀疑，就让荆轲一个人把地图和装着樊於期首级的木匣上去献给自己。秦王嬴政打开木匣，果然是樊於期的头颅。秦王嬴政又叫荆轲拿地图来。荆轲把一卷地图慢慢打开，到地图全都打开时，荆轲预先卷在地图里的一把匕首就露了出来。秦王嬴政一见，惊得跳了起来。荆轲连忙抓起匕首，左手拉住秦王嬴政的袖子，右手把匕首向秦王嬴政胸口直扎过去。秦王嬴政使劲地向后一转身，把那只袖子挣断了。他跳过旁边的屏风，就要往外跑。

荆轲拿着匕首追了上来，秦王嬴政一看跑不了，就绕着朝堂上的大铜柱子跑。荆轲紧紧地逼着。两个人像走马灯似的直转悠。旁边

荆轲刺秦王

虽然有许多官员，但是都手无寸铁，台阶下的武士，按秦国的规矩，没有秦王命令是不准上殿的，大家都急得六神无主，也没有人召台下的武士，当时秦王的佩剑很长，危急之下也无法拔出，只能和荆轲玩起了“赛跑”，此时官员中有个伺候秦王嬴政的医生，叫夏无且，急中生智，拿起手里的药袋对准荆轲扔了过去。荆轲用手一扬，那只药袋就飞到一边去了。就在这一眨眼的工夫，秦王嬴政往前一步，拔出宝剑，砍断了荆轲的左腿。荆轲站立不住，倒在地上。他拿起匕首向秦王嬴政扔了过去。秦王嬴政往右边刚刚一闪身，那把匕首就从他耳边飞过去，打在铜柱子上，“嘣”的一声，直迸火星儿。秦王嬴政见荆轲手里没了武器，又上前向荆轲砍了几剑。荆轲身上受了八处剑伤，知道自己已经失败，苦笑着说：“我没有早下手，本来是想先逼你退还已经侵占的燕国土地。”这时候，侍从的武士已经一起赶上殿来，结果了荆轲的性命。台阶下的秦舞阳，也早就给武士们杀了。

太初元年（公元前 104），汉武帝为彰显大汉的国威和富足，在秦章台宫基础上兴建由许多宫殿台阁组成的建章宫。据记载，因其规

● 汉未央宫前殿遗址

模宏大，周长20余里，时人用“千门万户”来形容它的壮观。代表了西汉时期建筑艺术的最高水平，与长乐宫、未央宫，堪称中国的“汉三宫”。公元25年，赤眉起义军攻入长安，建章宫遭到毁坏。

汉建章宫遗址

2007年，经中国社科院考古所汉长安城工作队的发掘证实，建章宫遗址面积达2 420平方米，从南向北由三部分组成，即南部庭院、主体建筑与北部庭院。南部庭院部分，南北发掘长32.8米，东西宽24.75米，根据残存方砖及铺砖泥痕迹推测，原来地面应有铺砖。北部庭院清理部分，南北长约24米，东西宽约10米，出土遗物多为汉代的砖、瓦及瓦当残块，并有大量的五铢钱残块。

建章宫遗址的主体建筑位于整个发掘区的中部，目前清理的部分东西长26.72米，南北约73米，由南北两部分组成。南部建筑部分由5个房间和过廊等组成；北部建筑的地面铺砖，多为素面，个别为小方格纹方砖。

建章宫遗址附近还保留有汉太液池遗址。太液池是建章宫内的一座人工湖，其水源来自不远处的昆明池。20世纪70年代，考古工作者在太液池遗址中曾出土长4.9米的石鲸，送到了碑林博物馆（当时的陕西省博物馆）。1991年陕西省历史博物馆开馆，这条鲸就被放置在门口水池中。

万里丝路起三桥

19世纪末，德国地质学家李希霍芬将行走的一条连接世界东西的大道誉为丝绸之路。德国人胡特森在多年研究的基础上，撰写成专著《丝路》。从此，丝绸之路这一称谓得到世界的承认。

在此之前，这条绵延千里，穿越崇山峻岭和茫茫大漠，充满曲折与艰辛的道路早已在人类的经济和文化交流史上发挥了上千年的作用，它最东方的起点就在三桥。

汉武帝建元三年（公元前138），张骞应募首次带领百人从西渭桥出发出使西域，寻找被匈奴驱逐西迁的大月氏（古国名），以牵制匈奴。汉元光六年（公元前129），张骞偕同乌孙使者数十人返回长安，被拜为大行（接待宾客的官吏）。后来这条从长安出发，经玉门关，经天山南北路，越过葱岭，到达中亚及地中海东岸全长7 000公里的通道，成了千古传颂的丝绸之路。

西安汉城湖汉武大帝雕像

遥想当年，一条由驼队走出的崎岖之路，东至中国大汉王朝的都城长安，蜿蜒向西，穿越中亚国家的大小城镇，翻过帕米尔高原，抵达西亚，一直联结起了地中海沿岸各国。

张骞不仅开拓了汉朝与西方诸国贸易的丝绸之路，成为中国历史上第一个走出国门的使者；同时，也通过他的外交实践，第一次张扬起国与国之间平等、诚信交往的外交

西安玉祥门外张骞出使西域雕像

理念，为中国汉代昌盛和后世的对外开放奠定了坚实的基础，产生了深远的影响。张骞在回国后的第二年去世。他两次出使西域，开辟了中西文化交流的通道，加强了西汉与西域地区的联系，当时的史学家司马迁称赞张骞出使西域为“凿空”，意思是开通大道，填补了中原与西域诸族以及国外各个地区交往史的空白。

沿着汉朝勇士张骞西域之行留下的足迹，来自西方的商队、使节和僧侣，穿越戈壁、草原，给中原带来了印度、阿拉伯、波斯和欧洲的玻璃、红酒、胡萝卜、菠菜、葡萄、核桃、石榴、西瓜、马匹、香料、犀牛、狮子，以及宗教、科技和艺术，带走了中国的丝织品、漆器、瓷器、茶叶和四大发明等。举世闻名的丝绸之路在像张骞、班超这样的探险家的好奇心和商业利润的驱动下渐渐活跃起来了。

如果说绵延万里的丝绸之路充满了跋涉的艰辛与生命的苦难，那么长安城中的大唐西市便是各国商人梦寐以求、尽情发挥的大舞台。在这里，他们不仅用历尽千难万险带来的货物换来了财富，也目睹了中华汉唐帝国震人心魄的东方魅力。好奇的眼珠停住了，赶路时的急促呼吸消失了，疲惫的手与脚因为僵硬挪不动了，旅途的艰辛忘却了，只有一颗心脏在胸腔内不安分地奔腾着，澎湃着，惊羡着……

唐衰亡后，随着政治经济和文化中心东移，三桥的地位逐渐衰弱。明代初期，太祖朱元璋鼓励民间开荒拓田，许多移民来到陕西关中，定居于此，经考证，这些移民大都是从山西临猗、临津等地来此落户的。直到今天，三桥老街和周围的村民都自称他们的祖先来自山西洪洞大槐树。

由于三桥所处的地理位置，使这里不仅是扼守西安西大门的军事重镇，同时还是会集八方货物的商贸重镇，成为明清长安八大名镇之一。直到20世纪初，还能看到三桥镇的老城墙，后来随着城市的发展，这段城墙也消失了。《三桥村志》记载，这段城墙修筑于明代，三桥城墙东西各一门，南北各两门；城墙高5米，顶宽2米，拐角处底宽10米，周长2 477米，成不规则的长方形。作为一个镇，居然修建有如此规模的城墙，可见三桥战略地位的重要。

如今，为保护这一区域内的古遗址，陕西省政府和西安市政府坚持“保护为主、抢救第一、合理利用、加强管理”的原则，相继制定了关于汉长安城遗址保护总体规划，涉及区域包括汉城墙遗址、建章宫遗址区、礼制建筑区和景观协调区，共75.02平方千米。2013年，国家主席习近平又提出建设丝绸之路经济带和21世纪海上丝绸之路两大倡议，赋予了古老的丝绸之路以崭新的时代内涵。

相信在不久的将来，随着经济的发展，三桥古镇不仅仅只是人们重温丝绸之路旧梦的起点，也会成为丝绸之路经济带上魅力焕发的明珠！

西安丝绸之路群雕

穿越历史的村镇

折柳话别

灞桥古镇

秦岭巍峨出灞水，灞桥枢纽成都会。
亲友践行灞桥驿，折柳馈赠相思随。

灞桥得名千年久

“送君灞陵亭，灞水流浩浩。上有无花之古树，下有伤心之春草……正当今夕断肠处，黄鹂愁绝不忍听。”这是唐代大诗人李白在《灞陵行送别》一诗中对离别时哀伤心情的描述。

灞陵，是西汉文帝的陵寝，有时写作霸陵，位于今西安东郊灞桥区席王街道办事处毛窑院村，因靠近灞河而得名，距此不远处还有其母薄太后的南陵（俗称薄姬陵）以及窦皇后陵。当地百姓把这种陵的分布称为“顶妻背母”。

薄太后墓

汉文帝陵

汉文帝是中国历史上一位贤德的皇帝,中国古代流传的二十四孝中有“亲尝汤药”的故事,其主人公就是汉文帝刘恒。关于汉文帝的孝顺,灞陵周围流传这样一个传说:汉文帝的母亲薄太后得病期间,他每天下朝后,皇袍一脱,就陪伴在他母亲身边,并要求窦皇后为他母亲亲自熬药,药熬好后自己还要先尝甘苦,试试温度,才给母亲喂服。汉文帝常给窦皇后说,你在我母亲跟前尽孝,我死后,就把你顶在头上。窦皇后很温顺,把薄太后伺候得非常好,到了汉文帝驾崩后还真的把她顶在了头上。

灞河,渭河的支流,发源于蓝田县灞源镇,由南向北横贯西安东部,在西安北郊注入渭河。灞河原名滋水,是周代国都镐京与东部联系的必经之路,在今灞河西侧北辰村附近,有个古代留下的地名——桥梓口,两旁有上桥梓口村、下桥梓口村。桥梓口最初写作“乔梓口”。乔梓二字最早见于《尚书大传》,乔梓指当时在滋水河上有用大树木和小树木架设的桥梁。

据《汉书·地理志》记载:公元前659年,春秋五霸之一的秦穆公凭借强大的武力消灭20多个诸侯方国,称霸西戎以后,得意扬扬,为了显示霸主的赫赫威势,为了进一步开疆拓土,向东发展,扩大霸业,特意将滋水更名为“霸水”,河上有桥,霸桥也由此得名。根据清康熙三十九年(1700)川陕总督席尔达撰写的《重修灞桥记》碑文记载:刘邦曾经替项羽管理过军中的文书,在此攻打秦军的时候,军队曾经驻扎在这里,沿袭了自秦穆公时改的“霸”字。但是秦朝在项羽、刘邦等义军的打击下顷刻之间灰飞烟灭了,所以去掉了这个带有溢美之词的“霸”字,就在霸字的旁边增加了三点

窦皇后墓

水，这就是今天这个“灞”字的由来，于是也就有了传至今日的“灞河”。实际上，从“霸”字转换成“灞”，标志着秦代帝业的消失。王莽地皇三年（22），灞桥水灾，王莽认为不是吉兆，便将桥名一度改为长存桥。但后来长存桥还是因战乱被火烧毁。

几经兴废几多桥

东汉建立，迁都洛阳，长安失去了京城地位，灞桥一直未能修复。东汉末年，长安大乱，帝都百姓纷纷渡过灞河东逃他乡。魏晋南北朝时期，一些小政权虽然定都长安，但战争持续不断，各个政权存在时间较短，加之国力不济，也未重建。但是成书于当时的《三辅黄图》和《水经注》都提到了灞桥，说明在当时又叫灞桥了。

隋文帝开皇三年（583），建成了国际化的新都大兴城，为了便利交通，便把灞桥建成石桥，向东南移了十里，与都城的通化门相对。

唐中宗景龙四年(710),万邦来朝的长安大都市人口剧增，商贸繁荣，位于潼关、蒲津关、蓝田关三条道路交会处的灞桥，交通十分繁忙，于是就在隋代石桥的南边另建了一座木桥，形成南灞桥和北灞桥。

宋代时开始在此设镇,沿袭至今,在西安古镇名录中,灞桥镇自然是榜上有名了。

北宋哲宗元祐年间(1086—1094),专门拆毁唐代石碑700多通作桥基,重修灞桥。20世纪90年代，考古工作者在旧桥遗址发现一通唐碑,上书“扶风郡王赠司徒马府君神道碑”的字样,证明这确实是宋代桥基。《西安府志》记载,宋神宗熙宁元年(1068)灞桥毁坏,后来韩镇重修,至元初又为洪水淤沙淹没。

在元代骆天骧的《类编长安志》和李庭的《创建灞石桥记》记载着这样一个故事:山东堂邑人(今聊城)刘斌于元朝中统(1260—1263)年间,游览完关中打算回家时,不幸赶上了灞河水涨,浊浪滔滔,但是

隋灞桥遗址

却没有桥梁可以通行。万般无奈之下,他只得和其他旅客一起乘车冒险渡河。刘斌乘坐的车侥幸到达对岸,后边的车却被汹涌的浪涛吞没。他目睹了这惊心动魄的惨状,立志要在灞河上重新修建一座坚固的石桥。

至元三年(1266),刘斌辞别家人,重返陕西,临行时他对家人说:“若石桥不成,永不东归!”到长安后,他亲自选定桥址,在隋代灞桥以西70步的地方。刘斌精通石工、木工,还懂得冶金技术,可算是一位熟悉建筑设计的通才。他凭着造福百姓的热情和精湛的建筑工艺,在灞河两岸百姓的支持下开始了建桥工程。他在灞水岸边搭了一间简陋的草棚,亲自设计,参与工程建设,开始了充满艰辛的建桥工程。

刘斌个人自发修桥的事被官府知道后,感动了当时管理陕西行省的平章政事(相当于前代的宰相)赛天赤,他对下属说,灞桥年久失修,这是地方官的失职。现在却由从山东远道而来的刘斌来率领民众修建灞桥,你们能心安理得地坐视不管么?你们这些当官的在关中老百姓的眼里会是怎样的形象?随后他带头捐钱一千缗(一千文钱为一缗),又征发200名民工协助刘斌建桥。于是陕西地方官吏纷纷捐款,加上当地老百姓的参与,工程进度大大加快。经过30余年的努力,灞河上终于修成了一座坚固的大石桥。新落成的灞桥宽24尺,长80步,共15拱券,可以并排通行三辆车,桥面两侧有石护栏。560根栏杆上各雕石狮一尊,桥两端立华表石柱、鲸头、鳌首,又沿河修筑堤5里,栽下了垂柳万株。河宽桥阔,绿柳如烟,过往行人不断,灞桥更显得雄伟壮观,景色如画。新桥落成后消息传到了京城大都(今北京),皇帝召见刘斌,令他把新落成的灞桥绘成图样呈上,并汇报建桥过程。刘斌在汇报时说道:我能看到人们开心地通过石桥来往于灞河两岸,这就是我最大的满足。他请求朝廷在灞桥桥头立一通石碑,作为永久纪念。皇帝于是命尚书省翰林国史院撰写碑文。连曾出任陕西行台中丞张养浩也被其精神感动,专写《安西府咸宁县创建灞桥记》,记述这段往事。

清末"民国"初老灞桥

此后经明、清两代,灞桥经历了多次毁坏多次修整。清道光十三年(1833)修建的灞桥,南北修有巍峨壮观的牌楼,牌楼外额悬有直径三尺的"灞桥"二字,内额有"东接崤函""西通关陇"的牌匾。立柱镌刻有"诗句向谁寻,风尘一天驴背上""容貌销欲尽,云山万里马蹄前"的楹联。桥头还建有馆舍、碑亭、神祠等属建筑物。清代的《度陇记》中形象地写到这次修建的灞桥:石柱林立,势若长虹。

清乾隆四十六年(1781),陕西巡抚毕沅重建桥,但桥已非过去规模,直到清道光十四年(1834)巡抚杨公恢才按旧制又加建造。桥长380米,宽7米,旁设石栏,桥下有72孔,每孔跨度为4~7米不等,桥柱408个。1949年后为加固灞桥,对桥进行了扩建,将原石板桥改为钢筋混凝土桥,桥宽10米,两旁还各留宽1.5米的人行道,这大大地改善了公路交通运输。

如今的灞河上,已经架起了十数座功能各异,形态万千,气势恢宏的现代化桥梁。灞河两岸遍植柳树,花蒲蜿蜒,岸上翠柳,古河道绵延十里长堤,五色花径屈曲幽深,亭台石凳随处分布,柳莺飞鸣,水流悠悠。河道已修起两座橡胶拦河坝，河水潺潺，波光粼粼，鱼群潜底，鹭翔沙洲。浐灞生态湿地公园紧拥灞河两岸，远离都市喧嚣，紧邻世博园林，风光秀丽，十分迷人。宏伟的灞桥，坐落在万绿丛中，真正成了东西通关陇，南北接塞函的交通枢纽，也成了人们观光休闲的世外桃源。

1994 年和 2006 年国庆节前后，当地人分别在灞河先后意外发现了古灞桥桥墩和三孔桥洞（桥墩 4 座、残券拱 3 孔），桥墩呈船形，墩下以石条铺成长方形底座，青石之间以铆钉联结，其下还布满木桩构成桥基，桥墩两端设分水尖和吸水兽。同时还在桥拱腹中清理出隋唐时期的琉璃瓦，宋、金、元瓷片，以及北宋维修桥身时利用的唐碑等。经考古部门鉴定此桥为隋代所建，桥长超过 300 米，是目前中国已知时代最早、规模最宏伟、桥面跨度最长的一座大型多孔石拱桥，为研究中国古代桥梁史、科技史提供了宝贵的实物资料，价值意义非凡，这些古桥遗址现已被公布为全国重点文物保护单位。

历史上的灞桥，曾多次废毁，又屡次重建。灞桥之所以屡建屡毁，是因为灞河源于秦岭，水中含有大量泥沙，水势千余年来变化很大，上

现在浐灞大桥夜景

游带来的泥沙冲至下游后会垫高河床，日积月累河水便多次改道，而河上的灞桥桥址自然随着河水的流向有所变动。

灞桥千秋阅兴亡

在冷兵器时代，这里是关中的一道天堑，是古都长安通往中原的必经道路，为兵家必争之地。从战国时期秦国曾在紧靠交通要道的地方修筑了霸城和驻军兵营。据《史记·白起王翦列传》记载："王翦将兵六十万，始皇自送至霸上。"这是指公元前225年发生的事，为灭六国、统一天下立下赫赫战功的秦国名将王翦，从霸上挥师东进伐楚，三军浩荡直指潼关，秦始皇亲自到灞桥饯行，表现了一代雄主统一中国的鸿鹄之志。

秦末陈胜吴广起义以及后来楚汉之争，灞桥及其周围地区仍是兵家必争之地。公元前206年，刘邦率军10余万，首先从武关攻入关中，兵进咸阳，驻军霸上，就是灞河西岸。秦王子婴用绳绑缚自己，在轵道亲自至刘邦军前乞降。刘邦去掉他脖子上的绳子，扶他上车，从此宣告秦的灭亡。

而项羽所率的另一路反秦主力军却一路恶战，落后于刘邦，40余万楚军驻扎咸阳郊外的鸿门，就在灞河东岸。两军隔河对峙。刘邦、项羽争夺帝位，拉开了楚汉战争的序幕。

汉朝时设置了灞陵县。司马迁在《史记·李将军列传》中曾记录了这样一个故事：西汉时政府在灞桥上设有稽查亭，检查来往行人。一夜，被贬为庶人的大将军李广打猎回来路过此桥，喝醉了酒的灞陵尉拦住不准过去。李广的随行人员说："这是原李将军。"灞陵尉并不买账："今将军也不得夜行，还说什么原将军！"李广无奈，只得在桥头的稽查亭留宿了一夜。后来李广官复原职，汉武帝拜他为右北平太守，走马上任时，特向武帝要求灞陵尉与他同去。待灞陵尉一到军中，即寻机杀之。看来，威名赫赫的飞将军也难免小肚狭肠。

灞河和浐河自古有舟楫之利，为长安水上交通要道。汉武帝曾开挖了一条从长安潼关接连黄河的人工运河，长 300 里，号称“漕渠”。把江南和中原的粮食和货物，运往长安，保障京都的供给，成为封建王朝的命脉。然而漕渠到了唐代已经淤塞，唐朝虽然强盛，可是由于关中土地有限，随着人口的增加，每遇歉收之年，长安的粮食供应就成了大问题。

为了解决粮食运输问题，唐朝对全国水运进行了改革，重开漕渠，并在长安东郊望春楼下开拓了著名的水陆码头——广运潭，大大方便了水运，每年从江南和中原运到长安的粮食由 120 万石增加到 400 万石，最高达到 700 万石。

现在的广运潭景色

唐玄宗在广运潭上举办了一次规模盛大的水运博览会，共有200多艘船只参加，船上载着江南的金银钼锡、绫罗绸缎、瓷器酒具、名酒茶叶、文房四宝、名贵药材等，列队游弋，展示了唐代商贸的发达和水运的畅通。漕运的恢复让关中一时之间富甲天下。自唐玄宗后期开始，政府就已长驻长安，不再在长安、洛阳两都之间奔波，大唐帝国的军事政治中心与经济中心真正联结成一个坚固的整体，国势昌盛，开创了开元天宝年间强盛的大唐帝国，成为中国政治史上的黄金时代。此时，广运潭上繁忙的船只同大唐西市里的各国客商、梨园里绚丽的霓裳羽衣舞等一样，成为大唐帝国繁荣昌盛的象征。

在灞河桥上，留下了唐玄宗携带贵妃姐妹前往临潼华清池途中的欢声笑语，记录下了一代绝色贵妃杨玉环奢侈的风华岁月。

随着唐帝国的衰败，广运潭的水面不再漕船如梭，不久漕运也因为战乱无人管理而导致运河淤塞。唐朝远去了，历史的沧桑也让千年前的繁华鼎盛、风流骚雅弹指间化为无尽的萧条零落、低吟哀唱。从

今日灞桥街道

此诗情不再，芳华难觅。

抗战的烽火点燃了三秦人民的爱国热情，在这座横亘在千年河道的灞桥上，又上演了一幕心潮澎湃的爱国壮歌。

1936 年 12 月 9 日，数百名爱国学生为了表达至死不渝的抗战决心，平躺在灞桥上，挡住张学良从华清池开往西安城的小汽车，要求他当众表明抗战心迹，否则宁可被汽车轧死在灞桥上，张学良为慷慨陈词的学生的爱国热忱所感动，承诺在一周内有一个明确交代，这一事件也间接成了西安事变的导火索。

12 月 12 日，在张学良、杨虎城的部署下，爆发了震惊中外的西安事变，从而促成了国共两党的第二次合作，掀起了全民族抗战的热潮。

灞桥，记下了泱泱中华的多少英雄业绩，刻下了神州大地多少风云变幻！

灞柳依依系离情

柳树是极易成活的植物，具有强大的生命力。柳条插进土里就能成活，年年插柳，处处成荫，说明柳树适应性很强，随处都可以生长，具有旺盛的生命力。

自古以来，灞水、灞桥、灞柳就与送别相关联。秦汉时，人们开始在灞河两岸筑堤植柳。每当早春时节，柳絮飘舞，宛若飞雪，就形成了“灞柳风雪”景观，这就是著名的“关中八景”之一。遗憾的是，这一胜景，如今只能靠人们去想象了。

《诗经 · 小雅 · 采薇》中“昔我往矣，杨柳依依。今我来思，雨雪霏霏”。古人钟情于柳，当然与柳自身的特点以及从柳本身所挖掘出的意义有关。“柳”与“留”的谐音中，发掘了柳的留别、留情、挽留的意象，且柳絮之“絮”与情绪之“绪”谐音，柳丝之“丝”与相思之“思”

● 灞桥东大堤柳荫

谐音。因此古人赋予柳诸多的使命，赠柳、咏柳也就常常带有希望离别之人能够留下来的美好心愿。

关于折柳话别，最盛当属于唐代，那时在灞桥上设立驿站，凡送别亲人与好友东去，多在这里分手，有的还折柳相赠，当时就有“都人送客到此，折柳赠别因此”的风气，为文人骚客所乐道。

据《唐诗纪事》记载：“雍陶有一次送别故旧，行至灞桥，问随从曰：‘此桥为何称情尽桥？’随从道：‘因送别到此为止点，故称之情尽桥。’雍陶有感惜别之情：‘从来只有情难尽，何事名为情尽桥，自此改名为折柳，任它离恨一条条。’”

有人曾做过这样的统计，在《全唐诗》中直接描写或提及灞桥（灞水、灞陵）的诗篇就达 114 首之多。当时著名的诗人李白、杜甫、杨炯、岑参等都曾将这种悲欢离合的伤感情调推至极致。因此又将此桥叫销魂桥、情尽桥，把灞柳称作断肠柳。此后，以风雪作为比喻，成为诗人们咏柳的一种常用手法；临别以柳相赠不仅有留恋之意，还有祝

● 吴世英《灞桥风雪图》

福之意。

年年柳色，灞桥风雪，遂成了历代文人雅士辞章中表达离情、倾诉相思的代名词。

宋代京城东移开封，来往于灞桥的文士骚客大为减少，但这里折柳送别的习俗相沿不改，其中以柳永《少年游》里的描绘最伤感：“参差烟树灞陵桥，风物尽前朝。衰杨古柳，几经攀折，憔悴楚宫腰。夕阳闲淡秋光老，离思满蘅皋。一曲阳关，断肠声尽，独自凭兰桡。”还有贺铸的《连理枝》：“想灞桥、春色老于人，恁江南梦杳。”明人徐复祚《红梨记·再错》：“则看他迎风袅袅，笼烟袅袅，肠断灞桥滨。”此外，在唐朝蒋防的传奇小说《霍小玉传》、明朝汤显祖的戏曲《紫钗记》等文学作品当中，也曾屡屡提到灞桥。

不仅如此，罗贯中在古典文学名著《三国演义》里插入了这样一个情节：曹操厚待关羽，赐宴赠马。关羽从汝南归来，得知刘备去向，决意辞曹寻兄，曹操、张辽皆有意回避不见。关羽不得已，于是挂印封金，留信告辞，保护甘、糜二夫人上路离开许都。曹操知关羽志决意坚，率领众将送行，追到了灞陵桥，见关羽横刀立于桥上，赠以锦袍。

关羽恐其有诈，用青龙偃月刀挑过锦袍，扬长而去。

明代著名画家吴士英的《灞桥风雪图》（现藏于故宫博物院）展现了一位老者骑驴在风雪中过桥，低首沉思的主题。

灞桥纸出惊天下

长期以来，我国造纸术的改进，一般都归功于东汉时的宦官蔡伦，这是因为《后汉书·蔡伦传》上有明确的记载。人们常把蔡伦向汉和帝献纸的那一年，即公元 105 年作为纸诞生的年份，蔡伦也因此被奉为造纸的祖师。

1957 年 6 月，在西安东郊灞桥砖瓦厂挖土现场出土了不晚于西汉武帝时代的土室墓葬，发现黏附在三弦钮铜镜下的层叠麻类纤维纸的残片，被称为灞桥纸。灞桥纸纸面较为平整、柔软，呈薄片状，有一定强度。鉴定发现其原料主要是大麻纤维，间有少许苎麻。其纤维平均长度为 1 毫米左右，绝大多数纤维作不规则异向排列，同向排列只在少数部位发现，亦观察到被切断、打溃的帚化纤维。它说明这种纸的原料经历了切断、蒸煮、舂捣及抄造等处理过程，只是加工程序较低。

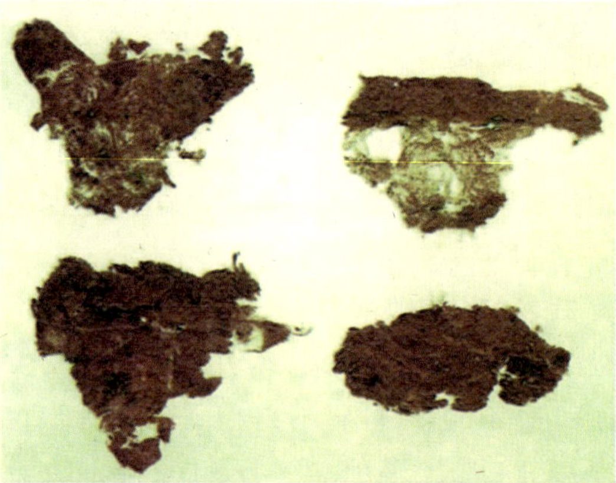

陕西出土的灞桥纸

这是迄今所见世界上最早的纸片，比蔡伦纸早了两三百年，它说明我国古代四大发明之一的造纸术，至少可以上溯到公元前一二世纪。这一发现，在世界文化史上具有重大意义，也使灞桥从此又增加了一个新的文化符号。

斗转星移，千年辉煌过

后，曾经繁盛一时的水陆码头逐渐没落。到20世纪80年代，由于长期的无序发展，浐灞地区河流污染、过度挖沙，垃圾围城，生态破坏极其严重，地质灾害隐患重重，严重影响沿岸群众生命财产安全。为改善这一状况，自2004年始，进行了多次大规模整治，目前正着力建设一个总面积约5.81平方公里，具备典型的河口湿地特征的生态保护区。

如今的浐灞生态区成了西安大都市里的一块世外桃源。歌曲《灞桥柳》的传唱，把身处繁华闹市的浮躁心灵又一次带回到那杨柳依依、碧波潺潺的繁华往事。

浐灞湿地公园

灞桥柳

陈小奇　词
颂　今　曲

灞桥柳，灞桥柳
拂不去烟尘，系不住愁
我人在阳春，心在那深秋
你可知无奈的风霜
它怎样在我脸上留

灞桥柳，灞桥柳
遮得住泪眼，牵不住手
我人在梦中，心在那别后
你可知古老的秦腔
它并非只是一杯酒
啊……
啊……
我人在梦中，心在那别后
你可知古老的秦腔
它并非只是一杯酒
啊……
灞桥柳

穿越历史的村镇

焚书坑儒

洪庆镇

秦王勇武扫四方，销熔兵器铸铜人。
焚书坑儒洪庆谷，沧桑过后槐花芬。

洪庆镇，位于西安灞桥区东部，灞河北岸。从骊山西麓流出的一条小河，人称洪庆河，自东而西，由洪庆村中间穿过。北魏地理学家郦道元在《水经注》中称之为鸿谷。秦始皇曾将儒生460余人坑杀于此，因名横坑，又写为鸿坑、洪坑，后来镇中心横坑街被雅化为洪庆，镇随街名。秦代时属咸阳畿内，人烟稠密，汉代更名为愍儒乡。唐玄宗时在此地修建旌儒庙，命中书舍人贾至撰文勒石，致祭先贤，故又有旌儒乡之称。1956年划入西安市，合并成立灞桥区洪庆乡，1994年改为洪庆街道办事处至今。

焚书坑儒秦始皇

秦始皇二十六年（公元前221），秦国消灭了六国，统一天下后，为了巩固统治，秦始皇让大臣在朝堂上讨论究竟是推行西周以来的分封制，还是推行新兴的郡县制。丞相王绾等人认为：六国诸侯才刚刚被消灭，燕国、齐国、楚国距离秦都咸阳太遥远，为了方便严密控制，不如封各位皇子为地方诸侯，出去镇守新征服的领土。廷尉李斯列举事实，加以驳斥。他说："周文王、周武王分封同姓子弟为地方诸侯，不可胜数。但是随着人口的繁衍，他们与周天子的血缘关系逐渐淡化。春秋时期，诸侯争霸；战国时代，更是战况惨烈，周天子对此却无能为力。现在我们费了好几代国君的心血，历经了千辛万苦终于实现了统一。如果再分封诸侯，就等于要重蹈前代

秦坑儒谷碑正面

的覆辙啊！实行郡县制，皇帝直接任命郡县长官，十分容易控制。所以，分封制不如郡县制方便。”

博士齐人淳于越仍然顽固地反对实行郡县制，要求根据古制，分封子弟出镇天下，并且不断在儒生中宣传他的主张。李斯于是建议秦始皇禁止百姓以古非今，以私学诽谤朝政，为维护集权政治，排除不同的政治思想和见解。

秦始皇三十四年（公元前213），秦始皇采纳李斯的建议，下令在洪庆焚烧《秦记》以外的列国历史书籍，对民间医药卜筮种树之书以及不属于博士馆的私藏《诗经》《尚书》等儒家典籍也限期交出烧毁；有敢谈论《诗经》《尚书》等儒家主张的人一经发现，立刻处死；以古非今的灭族。此即为焚书。

次年文学方术士侯生、卢生私下议论秦始皇所采取的一系列政策，认为：秦始皇刚愎自用，重视刑法、杀戮百姓，借此树立威严；贪权谋势，企图长生不老，命令他们这些精通方术之士寻找长生不老药。因为对秦始皇的政策非常不满，所以侯生、卢生偷偷逃走了，秦始皇得知此事，大发雷霆，派御史在博士馆的儒学生员中查找。

公元前212年，秦始皇逮捕了460多名对他焚书不满的儒生方士，因人数太多，秦始皇决定将他们坑杀。这年初冬，为一举坑杀那些被捕的儒士，让人向他们说，天降祥瑞，山谷中结出了瓜果，请儒士们前来参观。秦始皇让人把他们带到鸿儒坑所在的这条土山谷中，儒士们怀着好奇心，争相一睹奇观。他们纷纷走进山谷，事先埋伏在谷顶两侧的士兵，将巨石、土块一起推下。一时间，谷内血肉横飞，鸿学大儒们一起葬身谷底。后世称这里为鸿儒谷，唐代曾在鸿儒谷外的山脚下修旌儒庙，近代曾在此出土唐代石雕文人像一座，系唐旌儒庙遗物，现存于临潼博物馆中。

鸿儒谷即今洪庆堡村南的一条深七八十米，长约1公里，底部宽约30~50米左右的土质峡谷，鸿儒谷因地下有地热，赶上气候温暖的年景，初冬季节瓜果仍能生长。

秦坑儒谷碑背面

距鸿儒谷南二里许的砚湾村，原名砚瓦村，清末改为现名，据称是秦时太学所在地。秦始皇虽然坑杀了反对他的儒生方士，仍余恨未消，他命人来此将儒士们研墨的砚台集中埋葬在洪庆山西侧的一个山弯中，后世称之为砚坟。20 世纪 80 年代末期，当地人曾经从里面挖出了几百个大小不一的砚台，这也从侧面佐证了坑儒谷的历史。

焚书坑儒是中国历史上非常有影响的历史事件，历来褒贬不一。一方面认为统一思想，是统一国家的基础，建立法制，造就了中国“大一统”格局，确立了封建社会制度，对于社会的进步有积极的意义。而另一方面则认为：迫害知识分子，禁锢人们思想，是文化的大毁灭，知识的大倒退；扼杀了在战国时期，已经出现的百家争鸣现象。因此焚书坑儒和汉武帝推行的“罢黜百家，独尊儒术”政策，对文化的破坏作用是一样的，只不过做法是相反的，一个杀了儒，一个捧了儒。

秦坑儒谷远景

洪庆山与黄巢堡

洪庆山是离西安城最近的一座山，属骊山向西延伸的支脉，主峰九龙顶，海拔1302米。洪庆山相对高差约602米，有丰富的植物资源和众多历史遗迹：秦始皇阁道、汉代摩崖石刻、隋代三县寺等。相传唐广明三年（883），黄巢起义军退出长安据守骊山在此屯兵，当地人又称之为黄巢堡。

西安市古树名木编号第213号的伏羲女娲交尾柏，位于九龙顶主峰东侧的山顶最高处，树高6米，胸径24米，冠幅4.8米。相传伏羲女娲制定婚姻制度，为启示后人亲手所栽，由于树心已朽空，树龄已不可测。树下半身呈现出男女二人缠绕为一体，上半身各自后仰分开，手臂高扬的状态。流传于汉代的《伏羲女娲交尾图》，即以此树之形象

杨晓阳画作《黄巢进长安》

为范。

山顶上，有一块被削平的山脊，相传为黄巢练兵台，操练兵马，世人称为黄巢堡。《灞桥民俗》记载，相传一千多年前，黄巢起义军在这里安顿下来后，随即想抓紧时间操练兵马。不久就有人来报说村东有一块平地可以操练，黄巢前去一瞧，这里确实有十来亩平地，但禾苗健壮，操练兵马会糟蹋庄稼。后来黄巢发现将士们在休息时从鞋里倒出很多土，于是他灵机一动，让所有将士把鞋里的土聚集起来，竟堆成了一座土山，他又下令将土山削平，就成了可以练兵的操场。1958 年，村上实现人民公社化，练兵场所在地被改造成了梯田。村民说他们发现这里的土质与当地的土质截然不同，反而更像是长乐坡的土。

洪庆沟

《灞桥文史资料》第十七辑中还记载了黄巢堡里发生的一件惊心动魄的事。有一天黄巢领兵操练时，沟里忽然有人大喊“救命”。黄巢知道这里时常有虎狼出没，村民甚至把沟下峪口称为鬼门关，于是提枪飞马前去救人。路遇一块大石挡道，黄巢马不停蹄，腾空而起，马蹄撞到石头上，火花四溅，其佩戴的宝刀也脱鞘砸在了石头上，在上面留下了很明显的马蹄印和刀痕（这块石头叫跃马石，20 世纪 70 年代因为修路而被炸毁了）。黄巢单骑赶到出事地点，果见一黑虎食人，他大喝一声便提枪杀去，猛虎见状放下人，扭头逃窜，黄巢紧追不舍。翻过了几个山头后，猛虎遁入巢穴，黄巢随后赶到发现了这个洞穴，他朝洞内大吼一声，此时恶虎突然扑出，好在黄巢武艺高超，一枪刺去正中其胸膛，猛虎疼痛难忍，满地打滚，一不小心翻下悬崖摔死了。自除了此害，村民对黄巢便视若神明，家家烧水做饭犒劳起义军，后来还为黄巢修建了庙宇供奉。

对于黄巢在黄巢堡屯兵的说法，一些专家并不认同。中国唐史学会副会长杜文玉教授在接受记者采访时表示，黄巢起义军在撤退时的确有可能途经黄巢堡，但黄巢堡屯兵养马则子虚乌有。据杜文玉的研究，黄巢进军长安走的是潼关渭南一线，撤退时由洪庆山再退入商洛，

黄巢堡

所以说黄巢起义军有可能途经如今的黄巢堡一带。但起义军屡次被唐军四面围困，皆仓皇撤退，而当时关中农业生产已遭到严重破坏，行伍与民间纷纷出现了人相食的惨剧，黄巢起义军没有吃的，顶多能在洪庆山里坚持上一两天，所以他认为屯兵于山中，甚至于养马是不可能的。

在黄巢堡景区西北部还有个单鞭救主坡，现已经栽种成杏园。民间传说，当年，唐朝政权初立，烽火才熄，天下草创，社会危机四伏。时为秦王的李世民到蓝关兵营巡视，为周围的风景所迷，单人独骑，沿山坡观赏景致，不觉走远，离开了众人。昔日仇敌的后人，一直伺机刺杀李世民，他们自长安尾随至山中，见李世民单人匹马，是刺杀的良机，于是，十数人挥刀而上。李世民一面和刺客搏斗，一面呼救。此时，双鞭大将尉迟敬德正在河中冲凉，听到李世民的呼叫，来不及穿戴，急忙中仅拿得一鞭，裸身上马，赶来救援，杀退刺客，救李世民回营，自己身上受伤多处，史称单鞭救主，此坡自此得名救主坡。

铜人原的历史沧桑

铜人原，指的是灞河以东的黄土台塬，即今洪庆山一带。据陕西师范大学地理系编撰的《西安市地理志》：大概位置在洪庆以东、临潼斜口以南的骊山西侧，是高于灞河、渭河的台状高地（实际是残留的渭河三四级阶地），台塬面海拔在550～700米。其得名与秦始皇有关。

秦始皇统一中国后，为了巩固统治，下令收缴全国所有的兵器，运往京城铸成十二铜人，先后矗立于咸阳阿房宫殿前。每尊铜人，“各重千石，均高三丈”，按今天重量计算，每尊重约30吨以上。其胸前还刻有“皇帝二十六年，初兼天下，改诸侯为郡县，一法律，同度量”的篆书铭文。

铜人原

秦始皇之所以要收缴天下兵器、铸造巨型铜人，除了为彰显他兼并天下、千古一帝的风采以及巩固统治外，还传说有另一层含义。相传，秦将阮翁仲身长一丈三尺，异于常人，秦始皇命他率兵征伐频频入侵的匈奴，屡立战功。翁仲死后，秦始皇铸其铜像立于咸阳宫司马门外，以志其卓越功勋。因此秦汉时代，人们把销兵器所铸十二尊铜人也呼为翁仲。后来历代帝王山陵前的石雕文臣武将像，也一直延续翁仲这个名称。

西汉建立后，这十二尊铜人被移置汉长安城内的长乐宫大夏殿前。王莽篡权后，做贼心虚，常做噩梦，梦见长乐宫前的铜人中，有五尊骤然起立，口中念念有词："皇帝初兼天下！"他以为这"皇帝"为大汉开国皇帝高祖刘邦，心中十分厌恶。醒后，即派工匠把铜人胸前的文字凿了个精光。东汉末年，其中十尊被董卓下令凿碎铸成铜钱。魏明帝时，试图把剩下的两尊运往洛阳，但实在重不可致，只好将其遗弃在这片黄土塬上，从此人们就把这里称为铜人原。

也许人们一定会问：铜人原上魏明帝曹叡留下的两尊巨型青铜塑像哪里去了？据《史记·秦始皇本纪》二十六年正义引《关中记》说："十六国时期后赵石季龙把铜人迁到邺，前秦苻坚又把铜人运到长安销毁。"《晋汉春秋》则说，苻坚熔化一尊铜人铸钱，剩了一尊还没搬到长安，自己内部就乱套了，那尊幸存的铜人被"推入陕北河中"。也可能是由于水土流失，沉重的铜人沉入沟壑，被黄土湮没。究竟以何种记载为准，如今已难考证了。但愿中华民族幸存的国之瑰宝仍在陕西某个河底静静安卧，以待重生。

除了铜人之外，铜人原还是唐代许多达官贵人的墓地所在，在为数众多的古墓中，有一座是天文学家张遂的坟墓。张遂是唐代著名的高僧，法号一行，唐开国功臣张公瑾之后，人们在习惯上称之为僧一行。他精通天文历算，受到唐玄宗的重视。他在担任宫廷天文顾问期间，主持制定了当时世界上最精确的历法《大衍历》。这部历法行用了好几百年时间，还传到了朝鲜、日本等国，在世界上产生了广泛影响。他是世界上第一位实际测量子午线长度的科学家。一行去世后，唐玄宗很哀伤，下令将他埋葬在铜人原，在墓所修建灵塔，并且亲自撰写了碑文，可见一行在唐玄宗的心目中占据着多么重要的地位。千年来水土流失造成的地貌变化虽然使得一行墓湮没无存，但我们也同样期待有朝一日终将发现。

女娲崇拜民俗

由于洪庆毗邻临潼仁宗乡和蓝田华胥镇，因而保留着对女娲的崇拜习俗。在这里的婚俗中，沿袭着新娘在结婚的当天，必须穿上绣有蛙人的肚兜，认为只有这样，才能多子多福。肚兜上的蛙人的形象，与姜寨遗址出土的陶钵上的蛙纹基本相同，证明这是古代族神（图腾）崇拜的遗留，蛙人的形象，也就是最早的女娲神的形象。

人祖庙

相传女娲娘娘在农历七月十五这天抟土造人，这天是人类的生日。为了纪念这个神圣的日子，人们相约在这天集会称“娘娘会”。每到这天，人们都要给家中的男孩、女孩穿上绣有蛙人形象的肚兜，并制作一些蛙形人面的花馍相互赠送，以感念女娲娘娘造人的恩德，祝福子孙兴盛，若是没有子女的妇女还要设案焚香或到庙中祭拜向女娲娘娘祈求子嗣。到了晚上，人们点起篝火，载歌载舞，通宵达旦。在周围的林子中，男女可自由相会，谈情说爱，互约嫁娶，或幽会情郎。当地人称为“打郎会”。

“打郎会”的习俗虽然早已经消失，但七月十五“娘娘会”依然得以延续保留。

五月槐花香满洪庆

洪庆山国家森林公园位于洪庆街道办事处东部，第二炮兵工程大学向东10公里即到。

地处秦岭北麓，属骊山支脉，这里气候环境优异，地理条件优越，保留着良好的森林景观资源，呈现出丰富的生物多样性。山上保存了自远古传说阶段以来成序列的古迹、历史遗迹、神话传说和民俗风情，沉淀了深厚的华夏文明遗存，是再造华夏脉源之地。洪庆山丰富的自然景观和悠远深厚且优美神秘的历史人文旅游资源相得益彰，形成了

洪庆山槐花飘香

林木幽邃、山水幽雅的独特旅游环境，2007 年 1 月被国家林业局批准设立为陕西洪庆山国家森林公园。

洪庆山槐花节自 2008 年开始举办。洪庆山有天然槐树林 1 万余亩，每年 4 月末，槐花盛开，漫山遍野，洁白如雪，馨香浓郁，沁人心脾，更兼四面八方游人蜂拥而至，蜂蝶飞舞其间，香甜的槐花蜜在山野农舍、芳草小径间流出，到处呈现出祥和淡泊的田园意趣，抛洒出无尽的春意，让人流连忘返。

赏“雪海”、品“花宴”。槐花节期间，洪庆山水泉子村 30 余户农家乐将为广大游客推出独具风味的“槐花宴”和“农家乐”菜系，包括槐花面、凉拌槐花、槐花麦饭、槐花炒鸡蛋、槐花春卷、芙蓉槐花、槐花辣酱烧豆腐、槐花香辣豆腐干、槐花饺子、槐花煎饼、槐花手工馍、槐花丸子汤等，让您一定大饱眼福、口福。

如今的洪庆，正以风发的意气和热烈的激情在大西安城区发展中加快步伐！

穿越历史的村镇

泾渭分明

崇皇镇

泾渭同源鸟鼠山，一清一浊过陕甘。
民风淳朴养文帝，过节社火百年传。

西安市高陵区古属雍州，秦时设高陵县，地处关中平原，泾河、渭河两岸。因境内有奉正塬横亘于南部，塬体高隆耸立，古代称大土山为“陵”，故名“高陵”。崇皇镇位于高陵区西部，泾河在镇子南部的船张村流入渭河，成语“泾渭分明”源出于此。因境内有宋太宗敕赐名的崇皇寺，故得名崇皇镇。

泾渭分明处

泾渭分明流千年

渭河是黄河的最大支流，全长818公里，发源于甘肃省渭源县鸟鼠山，流经陕、甘、宁三省，于陕西渭南市潼关县注入黄河。

泾河为渭河最大的支流，发源于宁夏六盘山东麓。有两个源头，南源出于泾源县老龙潭，北源出于固原大湾镇。两河在甘肃平凉八里桥附近汇合后折向东南，流经泾川，于泾阳县张家山界流入关中平原，在陕西高陵区船张村附近注入渭河。由于两条河流含沙量不同，形成了清浊分明的自然景观。早在春秋时代《诗经·邶风·谷风》中就有“泾以渭浊，湜湜其沚”的诗句，原本以泾清渭浑的对比来表明弃妇对丈夫的不齿和对自己的肯定，清者自清，浊者自浊。后来用以比喻清

泾渭分明马家湾远眺

浊分明，界限清楚而不混。

历史上一直有着“泾清渭浊”还是“清渭浊泾”两种不同说法的争论。如《中国成语大辞典》（上海辞书出版社）说：古人认为渭水清，泾水浊。泾水流入渭水时，清浊不混。《现代汉语词典》（商务印书馆）说：泾河水清，渭河水浑；泾河的水流入渭河时，清浊不混。之所以出现这种情况是因为：泾河虽从黄土高原流下来，但它早已切到了黄土下的基岩上，因此泾河的河床是石头底。它在有的地段是浑的，但大部分河段是清的。每年七八月的洪水季节或春汛或上游降雨，则河水是浑的，其余大部分时间是清的；渭河则恰恰与泾河相反，加上渭河上游人类活动的原因，环境破坏严重，水土流失也同样为一个重要问题，导致了上述的两种情况出现。所以泾清渭浊和清渭浊泾都是客观存在过的。两条河流不期而遇，清浊而并流，界线异常分明，成为千古奇观。历代文人墨客常借此指陈时势，剖析义理，悟出了许多人生哲学。

崇皇养育汉文帝

崇皇寺相传秦、汉时为官邸，唐初置佛寺。又据《高陵县志·寺庙志》记载：唐玄宗李隆基分别在开元、天宝年间两次巡谒崇皇寺，所以又称重皇寺。公元976—996年，宋太宗赵匡义敕修崇皇寺，改重为崇，沿用至今。明嘉靖二十二年（1553），该寺所立《临济宗派碑》记载，地基南北二十六丈，东西十九丈，内地二十亩。因崇皇寺毁于清同治年间（1862—1874）回民起义，具体寺院建于何时现已无法考证。新中国成立后，出土了秦石制残像。

崇皇镇得名久远，民间历史文化积淀深厚，至今流传着许多动人

汉文帝亲侍母病

的传说，其中很多是关于薄太后和汉文帝的故事。

薄太后，吴郡吴县（今江苏苏州）人，原是项羽部将魏豹的妻子，魏豹被韩信击败之后，薄姬被召入汉宫纳为妃妾。后因头上长了秃疮，加上天性嫉妒的吕后的挑拨，遭到汉王刘邦的冷遇，被迫怀着身孕离开王宫来到此地。不久在这里崖畔下的一孔窑洞（后称蟠龙洞）中生下了刘恒（汉文帝），后来人们将此地叫作皇家塬（今黄家塬村）。

从此，母子二人相依为命，平时以野菜和周围村民的接济度日。一天，薄姬无意间看到有些浑身长癣的没毛老鼠，在崖边的枸杞子根下磨蹭，遂引起了她的注意。经过观察发现，这些老鼠逐渐都长出了新毛，受此启发，她开始用枸杞子熬水洗头，不久头上的秃疮得以痊愈，还长出了乌黑的秀发，恢复了以前美丽的容颜。

刘邦建汉称帝后，想起了当年被冷落出宫的薄姬，于是派人四处打听寻找，直到快收麦子的时节，外出打探的人员才得知，薄姬母子二人就生活在离长安不远的渭河北岸的奉正塬一带。刘邦便差遣官员抬着彩轿，带着凤冠霞帔迎接薄姬母子回宫。

而此时薄姬并不知晓，依然带着刘恒到周边村子的地里捡拾遗弃的麦穗，使前来迎接薄姬母子的官员扑了个空。几经询问，方有人告知他们在离此处约二三里的地方。待找到他们时，天色突变，乌云翻滚，当地一些百姓知道马上将有冷雨（冰雹）落地，便纷纷跪倒祈求上苍开恩，不要让冷雨伤及已经成熟的庄稼。这时刘恒安慰大家说：“崇皇圣地，泾渭分明，是人杰地灵的风水宝地，自有神灵保佑。”话音刚落，只见乌云散去，云开日出。以后当地人们将这里称作等驾塬（今谐音为邓家塬村），也留下了“冷雨不打等驾塬”的传说。

随后母子又商议，将彩轿和凤冠霞帔赐给当地百姓，以感谢多年来对他们的关照。从此，当地百姓，凡家中有女儿出嫁，都会把出嫁的女儿打扮得像娘娘一样，头戴凤冠，身着霞帔，乘坐彩轿。若是在送亲的路上碰到乘轿的文武官员，官员们也要为此让道，这种习俗一直延续到20世纪五六十年代。

温婉贤淑、貌美如花的薄姬带着心怀仁义的儿子刘恒回到皇宫里，依然遭到了吕后的妒忌。仗着自己是后宫之主的皇后吕雉时常给

汉画像砖《薄太后输织室》

他们母子找碴，还在汉高祖那里搬弄是非。刘邦无奈，只好把刘恒封为代王，为躲避是非，薄姬也随从儿子一起到了代地（今山西太原）。刘邦驾崩后，吕后专权，吕氏家族欲夺取汉室江山，引起了诸多大臣的不满。待吕后死后，陈平、周勃等几位大臣铲除了吕氏家族势力。最后，他们相中了宽厚仁慈、名声较好的代王刘恒。于是派出使者去迎刘恒赴长安继承皇位。起初，刘恒见到前来迎接的使者，并不是很高兴，相反，他却忧心忡忡，因为自己以前并没有受到父皇刘邦的待见啊！他的下属们也意见不一，有的认为这是一个阴谋，有的则分析说不会有假。

犹疑不定，刘恒决定用占卜来决定吉凶。结果得到“大横”的占卜结果，这个结果的意思是：大横卦所裂的纹路是很顺当的，他不久要继位天王，将父亲的伟业光大发扬，就像夏代的启延续了父亲禹的统治一样。占卜的人向他解释天王即是做天子，比现在一般的王要高一级。

刘恒从代地回长安时，途经等驾塬北侧的塬底时，见有一个村庄，村庄里住着几十户殷姓和赵姓的人家，附近有一眼清泉，他们一行人员便在这里饮马，不料马受惊脱缰而走。这就是“惊马村殷家赵”的来历。

公元前179年正月十五日，为庆祝陈平、周勃等戡平诸吕之乱，汉文帝下令，这天晚上长安城中家家户户张灯结彩，人人出门游玩。在古代，夜又叫作“宵”，正月又称元月，汉文帝就将正月十五定名“元宵节”，这一夜就叫元宵。这一天成了中华民族传统重大节日——元宵节（元宵节来历之一）。

由于汉文帝从小跟母亲薄姬长在民间，了解民间百姓的疾苦，深知百姓生活的艰辛，他在位23年期间，励精图治，兴修水利，衣着朴素，租率是刘邦时期土地税的一半，13年还全部免去田租。自此以后，三十税一成为汉代定制。汉文帝还废除了肉刑，开启了走向兴盛的“文景之治”。

崇皇社火舞长安

崇皇镇处于农耕文明的中心地带，造就了这里淳朴的民风和丰富多彩的民俗文化，每逢新年来临之际，当地都要举行极具乡土气息和浓郁地方色彩的社火活动。用当地流传的一首民谣可概括为："桑家龙灯成家船，北李竹马跑得圆，高墙锣鼓响当当，船张亭子扮得悬。"民谣中所说的这几个村就是坐落在崇皇镇及高陵地区社火表演活动中颇有影响的表演形式。

社火亦称"射虎"，社是土地之神，火为火神，最早是古代先民渴望风调雨顺、五谷丰登或驱鬼逐疫的祈禳性祭祀活动，后演变成汉族民间一种庆祝春节的传统庆典狂欢活动，也是高台、高跷、旱船、舞狮、舞龙、秧歌等的通称。

● 崇皇镇社火

据《高陵县地名志》记载，明末桑姓在崇皇寺南建村，以自己的姓氏称村名桑家。

桑家龙灯

根据桑家人传说，他们的先祖原是兴平桑镇人，迁移到此地后，户族很快兴旺强大，为了活跃农耕生活，庆祝丰收，彰显族威，从黄陵引进龙灯。

桑家龙灯至今已经流传了200多年了，由龙头、龙身、龙尾三部分组成。为了防止表演时用力摆耍而脱节，又用大绳把龙头到龙尾连接起来。这条龙究竟有多长呢？据说每年把龙装扮好后，先要到村中的龙王庙烧香还愿，三间大庙，龙头跪在神像前，龙身绕庙一周，首尾相接，这龙至少有八九丈长。每年农历春节、二月初二（民间传说龙抬头）都要耍龙灯，每节龙身都点亮蜡烛，浑身通明，因此，人们称桑家龙灯叫“明龙”或“龙灯”。夜晚远看，一条巨龙腾跃翻飞，或做行云布雨状，或做雷鸣电闪姿，腾云驾雾，上下翻滚，神气非凡，十分好看。每次耍龙灯，锣鼓、秧歌、狮子等轮番上演，撑牌灯的、放松香火的、提蜡烛的、打杂的，总共不下五六十人，所以一般都是全村齐心协力，全体出动。

桑家耍龙时，每家每户除了邀请亲朋好友前来观看外，还要在门前摆上桌子放上点心等供品，祈求在新年里有个好兆头。龙在村里每户门前戏耍，人丁不旺的人家，就会求耍龙人把自己的独生子女从龙嘴里递进去，再从龙下巴底下抱出来，俗称“过半”，主人家给龙披红挂彩，有的还给龙封喜钱。在各家各户门前耍完后，龙要休息，秧歌、狮子接着上演，龙便找个宽畅地方缠绕歇息。可惜的是如今已很难再现当年风采。

程家旱船

程家旱船由来已久，早在清光绪初年，村民于乖娃在西康省（今四川省）雅安经商时将这种民间艺术表演形式带回家乡，旱船长5.6米，中间宽1.95米，底高0.668米，形成中间宽，两头尖的柳叶形，中间有一舱亭状若彩轿。船帮以下用绿绸围就，上面画水的波浪图，船儿前行，绿绸飘动，如波浪汹涌。船舱前后用彩绸搭成凉棚，近年来又在舱亭、凉棚楞角装饰彩色电珠，更显得华光异彩。每船分别两人扮演背船人（即乘船人）和一个艄公（多为丑角）进行表演。背船人按戏剧角色扮相，艄公丑角扮相，头戴彩色翻檐草帽，白髯口，穿黄袍（有时白裙、皂袜）与背船人（旦角或生角）对白，语言诙谐、幽默，逗人捧腹，忍俊不禁。耍了一会儿，有点累，艄公便说，水浅船搁，我撑它不动。三人下船假装合力推船，仍推不动。艄公便说要给河神唱戏还愿哩！

程家旱船

这时,狮子、大头娃、秧歌等节目相继上场轮番上演。

百年来,程家旱船随着时代发展,不断更新戏耍内容,除装扮传统古典戏曲外,还有《解放军渡江》《刘伯承撑船》《卖余粮》等节目,品类繁多,层出不穷。为了能使这门民间艺术后继有人,近年来由坡吉党支部、村委会负责组织培训演出,而且在装扮演技上还创出了新的花样。

船张亭子

船张村位于崇皇镇南部,是崇皇大村之一,泾河和渭河在村子南部交汇,以清浊对比而闻名于世的泾渭分明景观就位此。该村现有500多户人家,2 000多口人,张姓占绝大部分。据考证,唐代以前就有人在此聚居,唐时已形成规模,因泾渭交汇得名会泾寨,后因河水冲刷,北岸崩塌,村向西北方向迁移。到元代,村民在河上设渡,船家多姓张,又改名船张村。清朝时京广杂货,山西煤铁、盐等均沿渭水溯河拉牵而上,宝鸡等地的木材等货物放筏顺流而下,东西货物在两河口形成集散地,因此,船张村店铺林立,商贾聚集,贸易繁盛。"民国"时期,陇海铁路延伸至西安,船张村顿趋萧条。

此地古时曾作为重要的水陆码头,过往商人、纤夫、船家众多,带来了不同地域的风俗文化。船张村直到"文革"前还保留有娘娘庙、药王庙、五鼠庙等庙宇。每逢农历二月二或各庙庙会,船张芯子表演都是奉神和为村民驱邪的重要内容,流行于高陵境内,在西安、咸阳、渭南、铜川等地也有一定影响。

船张亭子就是社火中的芯子表演(社火中扮演传说中的人物或历史人物,悬空摆出人物造型。底坐中支撑他们立足的小铁条就叫芯子。只不过芯子一般被剧装掩盖,所以给人以凌空、惊险的视觉效果),源于何年何代,虽无稽考,但村人都传说着引进芯子(当地人称亭子）的一段故事。相传张姓先祖，看到栎阳的芯子华丽险峻，引人入胜，因而很想引进这门社火，但栎阳芯子构造、装饰从不外传，扮芯子也是秘密进行，外人难得一见，船张人很想引进，终于想出了办法——他们选派一聪明人，装作“疯子”，打入栎阳芯子卸装场地，人家清场，他装疯卖傻，不肯离去。清场者见是一疯傻的人，就没有在意，疯子傻头傻脑看看这个，摸摸那个，东游西转，心中暗记尺寸、装扮办法，甚至用细铁丝折弯成芯子形状，回到村中，按记忆绘出图形，讲解办法，请铁匠按图打造，在实践中又不断改进，创出新的更为险峻的造型，终于成功地装成了十二桌亭（芯）子。

船张芯子分一极芯子和二极芯子两种形式，现以二极芯子为主。二级芯子是演员站在桌面上与悬挂在高空中芯子相结合的表演形式。由老杆、搭头、胸子、木桌和木杠五部分组成。芯子演员一般为9～12岁的儿童，表演内容都多取材于民间神话传说、历史故事和地方戏曲，有《黛玉葬花》《马踏匈奴》《顶花砖》《三娘教子》《西游记》《送京妹》《断桥》《汾河湾射雁》《嫦娥奔月》等等。这门古老的民间艺术造型惊

船张亭子

● 船张亭子表演

险、别致，虽无声但有形，人物栩栩如生。通过奇特、夸张、惊险的造型，反映各种人物的心理状态，达到品评褒贬、明辨忠奸的目的，通过强烈的感受对观众产生教育，使真善美成为村民心中永恒的追求。

据村民传说，三国时魏国齐王曹芳娶船张村张辑之女为妻，后来曹芳登基，册封其妻张氏为皇后，船张人备感荣耀，在村东修座娘娘庙。以后每逢二月初二庙会，村民邀请亲朋前来观赏亭子，家家购置蔬菜果品，户户烹制鸡鸭鱼肉。每家庭院亲朋满座，街上人头攒动、摩肩接踵，真是“上到九十九，下到刚会走”的人，一个个身着节日盛装，喜气洋洋。小商小贩也赶来看庙会、做生意，船张村车水马龙，一派热闹景象。新中国成立后娘娘庙废弃了，但耍亭子延续了下来。过去表演都在每年农历二月初二进行，现在也在春节、元宵以及大型庆典活动时表演。2009 年 11 月，船张芯子被西安市政府列入西安市第二批非物质文化遗产保护名录。

穿越历史的村镇

强秦兴汉之地

武屯古镇

天下归周朝奉路，商鞅变法武屯兴。
郑国渠通关中盛，刘邦建汉都栎阳。

武屯镇，古称栎阳，在西安市东北 70 公里，位于阎良区中部，地处石川河与清河交汇之地，北依荆山，南眺渭水，西临阎良飞机城。2010 年新落成的商鞅广场上的仿古建筑展示着栎阳古老的历史。相传大禹治水时曾在荆山铸成九鼎（一说为黄帝在此铸九鼎），随后把天下分为九州。到了元明两代，因为官军在此地屯田，尤以武氏家族最为兴旺。民国时期始以武屯命名该镇，一直沿用至今。

荆山远眺

栎邑：天下归周的诉讼之路

据史料记载，栎阳最早的建城史可以追溯到商朝末年，当时称为栎邑。

商代末年，商朝逐步衰落，西周逐渐兴起。由于纣王昏庸无道，沉迷酒色，重用奸佞，失去了人心。兴起于岐山一带的周文王注重民生，仁义治国，深得民心，受到了天下约有三分之二的诸侯的拥戴。因此许多部落有时朝奉，有时则不朝奉，诸侯国之间发生纷争，也不再到商王的朝歌去求公断，而是向西寻找周文王断官司了。《尚书》记载了周文王时，虞国（故址在今山西省平陆县）和芮国（故址陕西省大荔县，一说是山西省芮城县）两国彼此相邻，因此经常发生争夺土地的矛盾。在双方各执一词，相持不下的时候就跑到周原（今岐山、扶风两县北部一带），让周文王来裁决归属。《诗经·大雅·绵》中："虞芮质厥成，文王蹶厥生"的诗句，也记载了这件事，虞芮两国国君入境后，看到周人"耕者皆让畔，民俗皆让长"，被这谦和礼让、尊老爱幼的淳朴民风所感化，感到十分羞愧。于是把所争之田作为闲田，自动退让，永结友好，这就是历史上虞芮之讼（也称虞芮让畔）的公案。

断完芮虞之讼后，周文王派人开辟了岐山至芮虞的道路，这条古道经过此地，使这一带得到了进一步开发。加上这里"北却戎翟，东通三晋，亦多大贾"（《史记·货殖列传》），也就是说栎阳北可以防御西北部少数民族戎、狄的进攻，东面可以连接由晋国分裂而成的韩赵魏地区，交通十分便利，经济非常发达，是镐京（今西安市西南）东北方向通往今山西的必经之地，同时也是周王室理想的打猎之地，形成了关中地区的早期城市——栎邑。

此后在这块土地上，相继发生了一系列惊天动地的重大事件，改写了中国历史的发展进程，也使栎阳在中国的发展史上占据着重要的地位。

商鞅变法起栎阳

当历史的车轮行进到公元前770年的时候，中国历史进入了东周。从周原起家，率领各个部族灭商、分封天下诸侯的西周王朝在申侯联合少数民族犬戎的进攻下灰飞烟灭了。在晋国、郑国和秦人等的帮助下周平王东迁洛邑，由于秦人护驾有功，周平王就把关中地区分给了秦人。但此时的关中地区已经今非昔比了，原来作为西周王朝统治中心的关中地区逐渐被兴起于西北方的少数民族所占有。由于战争的摧残，丰京和镐京城池残破不堪。秦国的第一代封

武屯镇商鞅广场牌楼

商鞅广场商鞅雕塑

君秦襄公只得到了一张口头支票。顽强不息的秦国人在历代国君的领导下，在与少数民族的艰难战争中开始了漫长的开疆拓土运动。自秦穆公时，秦国的疆域得到了前所未有的大发展。但是位于函谷关以西的秦国由于境内和周围大多是少数民族，所以文化和社会发展与其他东方国家相比较，依然很落后。

战国初期，魏国乘秦国内乱之机，夺取了秦国的河西（今陕西洛河以东，黄河以西的地区）地区。公元前 384 年，秦献公即位后，为收复被魏国占去的河西领土，以图东进。次年在这里（今阎良区武屯镇官庄村与古城屯村之间）修筑栎阳城，并迁都于此。随之进行了一系列改革，秦国国力不断增强，展开了对魏国的军事斗争，经过几次胜仗，虽然扭转了秦被动挨打的局面，却未能实现收复失地的愿望。

秦献公去世后，年仅 21 岁的太子渠梁继位，即秦孝公。由于秦国长期与戎狄杂处关中地区，加上东部函谷关和崤山的阻隔，虽然具有一定的实力，但是东方的齐楚燕韩赵魏六国都看不起他，而且遇到各国会盟，他们根本就忽视了秦国的存在。这位血气方刚的少年君主寝食难安，痛感诸侯瞧不起秦国，这简直就是奇耻大辱！因此，即位之初，秦孝公就颁布《求贤令》，用高官和赏给封地的优待政策来招募能使秦国富强起来的人才。

在这一政策的感召下，商鞅来到了秦国。

商鞅，是卫国没落的贵族，姬姓，也叫公孙鞅。年少的时候喜欢黄老学说和法家思想，学成后形成了自己一套完善的学说，但是在魏国一直得不到重用。当得知秦孝公的《求贤令》，应招而至，在这块栎阳古老的土地上，演出了一系列脍炙人口、妇孺皆知的动人故事，如“舌战甘杜”“立木为信”“太子受处”等，一场旷古未有的变法运动在这里发生，秦国由此发生了翻天覆地的变化。经过几代国君的努力，落后的秦国走上了富强之路，并最终消灭了六国，统一了中国。

商鞅变法为何能有如此大的威力？他又是如何做到的呢？

变法之初，并不顺利，遭到了以甘龙和杜挚为代表的上层贵族反对。为此，秦孝公在栎阳宫召集反对变法的甘龙、杜挚与主张变法的商鞅进行了激烈的辩论。

甘龙和杜挚提出：如果没有百倍的好处，那就不能改变祖宗的做法；没有十倍的好处，就不能改易古代流传下来的器具。按照古人的办法做事，是不会出错的。

商鞅反驳说：商汤、周武王没有拘泥于前人的办法，取得了巨大的胜利。夏桀、商纣没有改变古人的老办法，结果却灭亡了。所以说，只有适合当前情况的办法才是好办法，古人的办法不是不能改变的。治理国家，并不是只有一种办法；能够使国家强大的办法也不一定非得照搬古人的措施。愚笨的人总是被古人现成的做法束缚住了，缩手缩脚；聪明的人往往在事情还没有发生之前就预测到了未来的状况，料事如神。

商鞅

商鞅的高谈阔论让反对派理屈词穷，哑口无言，却使让执意变法的秦孝公心悦诚服，信心百倍。公元前356年，秦孝公任命商鞅为左庶长，制订了各项措施。

对内，建立法度，重视农业生产和家庭手工业，修缮城池，制造兵器；对外，采取离间之计，瓦解东方六国的联合，从而逐个击破的策略。

新法方案制定后，为取信于民，商鞅于栎阳城市场的南门（今武屯镇西相村南）竖立起一根三丈长的木头，召集臣民说："谁把这个木头能从这里移到北门（今武屯镇房村之南），就奖赏十金。"

人们疑惑不解，议论纷纷，好半天没人响应。商鞅又传下命令，谁如果能把此木移到市场北门，奖赏金五十。

重赏之下，必有勇夫！

话音刚落，一个人站出来，把木头移到了北门，获得五十金的奖赏。商鞅言出必行，取得了广大百姓的信任，新法得以顺利执行。轰轰烈烈的变法运动在古老落后的秦国大地上开始了。

由于新法规定：只有凭借在战场上取得军功的大小，才能授予爵位，即使是国君的兄弟姊妹也不能像原来那样依靠血缘轻而易举地取得爵位。这条变法措施触动了当时养尊处优的上层血缘贵族的利益。于是，他们便怂恿太子驷触犯了新法。太子是秦王的最爱，秦国的储君，未来的君主，看商鞅是否敢处罚太子驷，这也成了新法能否推行的关键。

商鞅深知孔子说的"其身正，不令而行；其身不正，虽令不从"的道理。他立刻向秦孝公陈说：法令之所以推行不下去，是由于位高权重的法律制定者不受法律约束，享有特权，上行下效，所以导致法令形同虚设。秦孝公点头称是，决定首先惩治破坏新法的上层贵族。但太子是国君的继承人，不能用刑，商鞅便把背后主谋，太子驷的老师公孙贾处了黥刑（脸上刺字），把另一个老师公子虔处了劓刑（割掉鼻子）。变法之初贵族的挑战被平息了，新法也终于推行下去了。

公元前350年，秦国推行商鞅新法已有10个年头，商鞅又颁布了第二次变法法令，其中重要的一条就是迁都咸阳，至此栎阳结束秦国都城的地位。

秦孝公去世之后太子驷继位，就是秦惠文王。商鞅在秦孝公去世之后失去了新任国君的支持，被旧贵族诬告"谋反"，秦惠文王捉住商鞅之后，将其五马分尸。

司马迁在《史记》里写道："商君虽死，秦法未亡。"商鞅的变革法令并没有因为他的死亡而被废弛。经过秦孝公先后六代国君的努力，秦国最终兼并了六国，建立了中国历史上第一个统一的多民族的中央集权制国家。

秦国在栎阳建都34年，秦国在这里完成了走向强盛的转折。栎阳也因商鞅变法闻名遐迩，在我国历史上写下了重彩浓墨的一笔。

历史上商鞅的变法措施是没有错的，面对着庞大的不劳而获的守旧贵族群体，商鞅个人并没有选择退却，而是迎难而上，把自己推上了改革的风口浪尖。正如林则徐说的"苟利国家生死以，岂因祸福避趋之"。如今在武屯镇商鞅广场上矗立起巨大的商鞅雕像，说明在我们这个社会的转型阶段，人们赞颂他顺应历史潮流，不计个人得失的改革精神！民族的进步正需要这样的人，他们就是促进中华民族腾飞的脊梁！

歪打正着的郑国渠

当秦国国力蒸蒸日上，有一统天下之势的时候，近邻韩国十分畏惧。韩桓王在走投无路的情况下，采取了一个非常拙劣的所谓"疲秦"的策略。他以著名的水利工程人员郑国为间谍，派其入秦，游说秦国在泾水和洛水（北洛水，渭水支流）间，穿凿一条大型灌溉渠道。表面上说是可以发展秦国农业，真实目的是要耗竭秦国实力。

此时，秦王嬴政恰好想发展水利，因此很快地采纳这一诱人的建议，立即征集大量的人力和物力，并任命郑国主持兴建这一工程。在施工过程中，韩国"疲秦"的阴谋败露，秦王嬴政大怒，要杀郑国。郑国说："刚开始我确实是韩国的间谍，但是渠修成之后，关中大量的沃土可以得到灌溉，秦国很快就会富强起来。灭亡弱小的韩国的时间只不

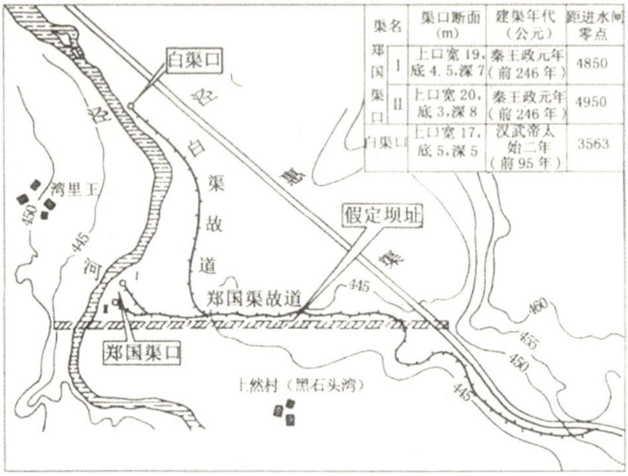

郑国渠平面图

过延缓了几年，而这项水利工程却可以使秦国人千秋万代获得丰收。”

秦王嬴政认为郑国说得很有道理，也了解秦国的水工技术比较落后，在技术上也需要郑国，所以既往不咎，仍然加以重用。经过十多年的努力，全渠完工，人称郑国渠。郑国渠修成后，栎阳北部的许多土地得以灌溉，这为栎阳农业的发展创造了良好的条件。

郑国渠以不可告人的目的兴修，却在欢呼声中落成，以利在千秋的功绩被人们传颂，一时之间，关中平原被冠以“天府之国”的美誉。这一切，归功于它造福了万民，泽被后世。

郑国渠遗址

娄敬一言都栎阳

由于秦始皇横征暴敛，酷刑苛法，焚书坑儒，激起了人民的强烈反对，加之秦二世胡亥利用阴谋手段，篡夺了王位后，其暴行比秦始皇时期有过之而无不及，终于导致了陈胜、吴广领导的秦末农民大起义，反秦浪潮席卷大地。

公元前 206 年 2 月，项羽灭亡秦王朝后，在戏地（今西安临潼区零口）分封十八路诸侯王，并划分三秦，其中秦降将司马欣被封为塞王，以栎阳（今武屯镇古儿屯一带）为都城，领今咸阳以东之地。同年 6 月刘邦接受韩信“明修栈道，暗度陈仓”的建议，派大将樊哙重修褒斜栈道，8 月出兵陈仓（今陕西宝鸡以东），以迅雷不及掩耳之势，夺取雍地（今陕西宝鸡凤翔一带）占据关中后，刘邦又以栎阳作为大本营，展开了他和项羽长达四年多的逐鹿中原的楚汉之争。

楚汉之争以刘邦的胜利而终结，刘邦建立了西汉王朝，天下终于又安定下来了，百废待兴。

刘邦

汉高祖刘邦打算定都洛阳。因为他从江苏沛县一带起兵，部下大多是东方人，所以一致建议建都洛阳，刘邦也觉得比较合适。但是历史告诉我们，西汉的都城是在关中的，举世闻名的丝绸之路就是从长安出发，一直通到欧洲的。究竟是什么使高高在上的汉高祖改变了主意的呢？

这得从一个重要的人物娄敬说起。

娄敬，生卒年不详，西汉初齐国

娄敬

人。虽是一介平民，但是见多识广。娄敬作为齐国的戍卒，本来是要被征发到陇西（甘肃一代）守卫边防的。路过洛阳的时候，他听说汉高祖准备定都洛阳的消息之后，穿着破旧的羊皮外套去拜见同乡虞将军，要求面见汉高祖刘邦。

虞将军见他穿着寒酸，想给他换一套体面些的衣服，娄敬却道："我如果有丝绸衣服，就穿着华丽的去觐见；我如果只有粗布衣服，那么我就穿着粗布衣衫去觐见。"

经过虞将军的引荐，娄敬见到刘邦后问道："听说陛下想把都城定在洛阳？"

刘邦说："我确实有这个想法。"

娄敬又问道："陛下希望定都洛阳，一定是想像周王朝那样建立几百年的基业吧！"

刘邦心悦诚服地点了点头。

娄敬说："陛下的这种想法其实是相当危险的。"

刘邦听罢大感惊讶，急切问道："此话怎讲？"

娄敬镇定地陈述说："陛下取得天下和周王朝有很大的区别。周人的领袖弃在上古的时候，学会了种植庄稼，他又把这种技术教授给人们。所以被尧舜禹封为农官，人们尊称他为'后稷'。他的子孙世代继承他的农耕技术，成了世袭的农官，他的子孙深受人们拥护长达五六百年。到了周文王、周武王时，实力已经非常强大，万民爱戴，所以才能一举灭掉残暴的商纣王，成为天子，定都镐京。西周覆灭后镐京残破不堪，所以周平王不得已迁都洛阳。但是春秋战国时期周天子的地位却一落千丈，不堪回首啊！洛阳虽处天下之中，但是刚刚经历了七十场大战，小战也有四十次之多，经济残破，民怨沸腾，定都于此，利小弊大啊！怎么能够保证大汉江山千秋万世呢？"

刘邦若有所思，反问娄敬道："那依先生高见，在哪里定都比较合适呢？"

娄敬继续分析说："关中平原沃野千里，人口众多，家境殷实，而且长安依山傍水，地势险要，易守难攻。如果遇到战争时，以关中的人口刹那间就可以集结百万雄兵，秦国当年就是凭借这些统一六国，雄霸天下的。所以要建立起百年基业，长安是建都的首选。"

刘邦听后也觉得娄敬说得很有道理。

他又让群臣讨论，娄敬的建议得到了张良的肯定，刘邦最终下定决心建都关中。因为秦都咸阳早已毁于战火，所以西汉最初的都城就是在秦国迁都咸阳之前的故都栎阳的基础上修建的。

汉高祖五年（公元前 202）置长安县。在秦兴乐宫的基础上建长乐宫，七年建未央宫，同年自栎阳迁都长安。惠帝元年至五年（公元前 194—前 190）修筑城墙。武帝时又广建离宫别馆，长安逐渐成了西汉王朝的政治中心。

刘邦迁都长安后，因太上皇刘煓葬于栎阳北原（今阎良北边的荆山），并设万年县以奉陵寝。万年虽以县制，却隶属中央管辖，用今天的话说，恐怕要算是中国最早的特区了。汉景帝五年（公元前 152 年）修东渭桥以方便长安与栎阳间的交通。尔后，栎阳又成为西汉政府北上出击匈奴道路上的重要驿站。

栎阳作为西汉王朝最初的国都，在西汉王朝的建立与政权巩固上，发挥了不可磨灭的作用。

和亲之策起栎阳

西汉王朝刚建立时，由于此前连年征战，人口锐减，经济衰败，国库空虚。甚至皇帝出行，连几匹毛色相同的拉车的马都找不到；将相们出行，有的只能乘坐牛车。另外南部和北郡的边境也不稳定：南

汉代和亲图

有赵佗作乱，北有匈奴侵扰。

匈奴是中国北方的一个游牧民族，秦朝时逐渐崛起。楚汉相争之时，匈奴趁乱不断南犯，攻城略地，杀人越货，不仅给北方人民带来极大苦难，也严重威胁刚刚建立的西汉政权。

面对这种状况，刘邦采用大臣陆贾的建议，开始推行休养生息政策，以此来改变国家极度贫困的社会状况。颁布“复故爵田宅令”，招徕那些躲避战争流亡在外的官吏、富户和其他百姓，恢复他们原来的爵位、田园、房产，使他们回原籍安居乐业，发展生产。同时让大批将士解甲归田，创家立业。并按其军功大小、从军时间长短赐给爵位，分给田地，并享受许多优惠待遇。不久还下令释放奴婢，同时又大赦天下，宣布除犯死罪者外，其他罪犯一概赦免。由于采取了轻徭薄赋，减轻人们的负担等措施，大批的劳动力回到了农业生产第一线，心情愉快地从事农业生产，使西汉王朝的经济从满目疮痍的战争中逐渐恢复起来。

公元前200年10月，匈奴冒顿单于对西汉再次发动了大规模进攻，包围了马邑，迫韩王信投降，并引匈奴进攻晋阳（今山西太原）。高祖刘邦决定亲率大兵征讨，是年11月，他亲率32万大军，从都城栎阳出发，在晋阳大败匈奴。其实这是冒顿用羸弱之兵，让汉军认为匈奴不堪一击，诱使汉军深入。

汉城湖遗址公园内昭君出塞浮雕

当刘邦追至平城（今山西大同市东北）时，冒顿突发精兵40余万，将汉高祖刘邦团团围困在平城东七里的白登山上。时逢腊月，北风怒号，大雪纷飞，天寒地冻。汉朝大军大概有百分之二三十的士兵被冻伤，援军又远在千里之外，不能赶到。刘邦君臣内无粮草，外无援兵，陷入随时被歼的绝地。此时，多亏谋士陈平献上美人图计，才救了刘邦一命。

原来冒顿单于之妻阏氏很得冒顿宠爱，但她天性爱妒忌，不容冒顿单于再近其他女色。陈平便请人画了一张美人图，派一能言善辩之士带着厚礼，献给阏氏。阏氏一听平城内有如此美女要献单于，不由妒火升腾，竭力阻挠冒顿攻打刘邦。加之冒顿单于企盼的韩王信援兵迟迟未来，怀疑他和汉王早有密谋，便打开一条通道，将被困七天，束手待毙的刘邦放回平城。汉军援兵也随即赶到，匈奴也退兵归去。

白登山失利被困，使刘邦认识到，连年战争，人力物力消耗过大，人民亟须休养生息。为缓和民族矛盾，促进民族团结和维护封建统治的需要，刘邦班师回都后，无奈之下命娄敬与匈奴结"和亲"之约，栎阳自然成了"和亲"政策的发源地。

所谓"和亲"，是指与异族敌方议和，结为姻亲的一种退让政策。刘邦从刘姓宗氏女中选一女子，封为公主，远嫁匈奴单于。这样一来，匈奴不好再在"丈人"门前攻城略地，杀人越货了。双方保持了一个较长的相对安定的日子。这给西汉王朝提供了一个医治战争创伤与民众休养生息的宝贵时机，为西汉王朝的逐步强盛提供了一个难得的机遇。以后封建统治者或为缓和民族矛盾，或为促进民族团结，维护边境安定，都使用了这种政策，汉高祖采取的权宜之计成了历代王朝奉行的一种政策。

汉官威仪起栎阳

刘邦在建都栎阳期间，还干了一件大事，就是建立汉代官员上朝的一系列礼仪，过足了一把皇帝瘾。

草莽出身的刘邦刚刚当了皇帝立都栎阳后，认为过去的礼仪太烦琐就把它废除了。

他手下的一班文武大臣，大多出身平民，又和他一起南征北战，刘邦过去与大家是生死与共的战友，大家是平等的，都平起平坐，因而不拘礼节。

经过了多年打仗之后，刘邦当了皇帝，大家仍像过去一样，肆无忌惮地表达情绪。

有一天，刘邦在宫殿之上，大呼小叫，行酒猜令，争功请赏，动不动拔出宝剑，在大殿的柱子上胡削乱砍，闹闹嚷嚷，很不像话。

最让刘邦头疼的是，有时自己想发命令，但是大殿上的群臣闹哄哄的，像菜市场一样混乱。甚至还有人喝醉了酒，东倒西歪的，指手画脚的，成何体统！

自己堂堂皇帝，却每天生活在嘈杂的朝堂上，真是有些受不了了。上朝竟然成了皇帝的一种负担，悲哀啊！

这时有个叫叔孙通的大臣，觉察到了皇帝在朝廷上紧锁的双眉。

叔孙通精通儒学，熟悉儒家礼仪规范。向刘邦请命，自己愿意参照周礼制订一套朝见仪式。

叔孙通带了100位通晓儒学的弟子，用树枝茅草做模型，在栎阳乡间练习朝见仪式。演习熟练之后，让百官观摩、学习。

汉高祖七年（公元前200）十月，长乐宫建成，文武百官按新的朝仪觐见皇帝。只见文臣武将，依次入宫，三跪九拜，山呼万岁，然后分立两旁，卑躬肃立，好不威严。刘邦初次尝到做皇帝的滋味，高兴地说，我到今天才知道做皇帝的尊贵了。

叔孙通制订的礼仪就成了历朝历代的朝觐礼仪的典范。

芳华过后的栎阳城

汉高祖七年迁都长安后，栎阳便失去了政治中心的重要地位。西汉衰亡以后，因长期战乱，古栎阳失去了昔日的繁华。到了唐武德元年，又将县治从古栎阳迁至临潼。人们对古栎阳的认识也随之模糊不清，使许多人把今天临潼的栎阳镇（唐以后的栎阳）误认为秦汉时期的栎阳。加之风雨侵蚀，人为的破坏，栎阳故址的城郭消失了，到了清代，它已没有什么明显的遗址标志。

1964年，陕西省文管会对古栎阳遗址进行了为期15天的调查和试掘。在今天的武屯镇东、石川河西的区域内，发现了古栎阳城遗址。遗址呈长方形，东西长约2 500米，南北宽约1 600米。城中有道路13条，南北7条，3条东西向干路横贯全城，东西城墙相应各辟3个城门。1980—1981年，中国社会科学院考古研究所又在此进行了为期一年多的勘探试掘，初步弄清了栎阳城的形制、规模，为古栎阳史的研究工作奠定了基础。2001 年，栎阳城遗址被国务院列为第五批全国重点文物保护单位。

古栎阳作为国都累计不过数十年，其城址也早已湮没在历史的岁月中，但在此发生的历史事件和制定的一系列重大决策对中国历史的发展进程起到了深远的影响，其历史地位也是无法取代的。

穿越历史的村镇

鸿门宴遗址

新丰镇

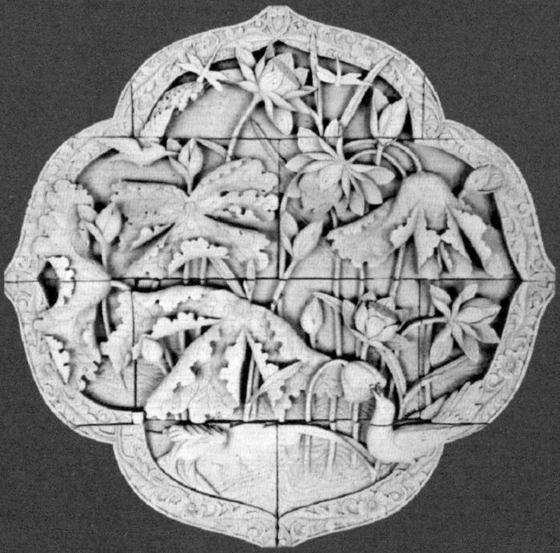

群雄逐鹿烟尘飞，设宴鸿门汉王危。
太公思乡建丰邑，佳酿流香醉贵妃。

由西安沿西潼高速公路向东，行至约35公里处便来到了一个乡镇——新丰镇，它地处关中平原东部，北临渭河，南依骊山，面积44平方公里。在过去两千多年的岁月里，由于新丰临近京畿，地处三辅，这里曾发生过许多历史大事，也流传下来许许多多富有传奇色彩的故事。距离镇子不远的地方，有一个村庄，这就是鸿门宴发生地——鸿门堡村。

千古一宴名鸿门

鸿门堡村地处潼关进入古都长安的要道上，村前横亘着一公里长的峭塬，中间像刀劈似的断为两半，南北洞开，犹如城门，鸿门因此而得名。北魏郦道元在《水经注》中写道：当时在新丰旧城东边三里有长一千多米的原坡，为了出行方便，在横向的原坡上人们挖开了一个豁口作为通道，南北洞开，如同村子的大门，因此命名为鸿门。秦代的时候，曾在这里设有驿站，故又称为鸿门驿。秦二世三年（公元前207），项羽在巨鹿（今河北省平乡县西南平乡镇）歼灭了秦朝名将章邯、王离所率40万秦军主力，之后率军进入关中后，在此地宴请刘邦，史称鸿门宴。至今这里仍保留有鸿门宴宴台、霸王上马台、萧何寨及萧何练兵处等遗址。

鸿门宴最早见于西汉历史学家司马迁所撰《史记·项羽本纪》。文中不仅记载了事件的前因后果，还衍生了后人耳熟能详的成语典

新丰鸿门宴遗址

故，如：秋毫不犯；劳苦功高；约法三章；人为刀俎，我为鱼肉；项庄舞剑意在沛公；大行不顾细谨，大礼不辞小让；四面楚歌；等等。

楚汉之争，又名楚汉战争、楚汉争霸、楚汉相争、楚汉之战等，即汉元年（公元前206）八月至汉五年十二月（公元前202年初），西楚霸王项羽、汉王刘邦两大政治集团为争夺政权而进行的一场大规模战争。

实际上项羽与刘邦在此前就有矛盾。秦二世二年（公元前208），起义军拥立的楚怀王熊心与项羽、刘邦等诸将约定，谁先进入关中攻破秦都咸阳，就封谁为关中王。张良建议刘邦应该避实击虚，越过重兵把守的重镇，攻击防御虚弱的地方。于是刘邦一路上势如破竹，而此时，项羽正与秦军主力在巨鹿决战。秦王子婴元年（公元前206年）十月，刘邦进入武关，率军抵达长安东郊霸上，然后派人劝子婴投降，并得到子婴的同意。子婴看到刘邦的义军锐不可当，就命人把他与妻子用绳绑起来，坐上由白马驾驶的白色马车，身着白色衣服，并携带皇帝御用物品（包括玉玺和兵符），在轵道亲自到刘邦的军前投降。刘邦兵不血刃地进入关中，宣布废除秦朝苛政，与关中父老“约法三章”：杀人者偿命，伤害别人以及偷盗的抵罪。与此同时，刘邦听说项羽欲立章邯于关中，号雍王，于是派兵驻守函谷关（今河南灵宝老城东南北寨村之北），以防项羽率领的40万诸侯军队入关。

另一方面，项羽自认为在灭秦战争中功劳最大，然而胜利在即之际，却被刘邦抢先进入关中，夺取了胜利果实，自然怒气冲天，于是率诸侯军40余万叩关。汉元年（公元前206）十二月，项羽命令英布带兵攻破函谷关，进驻新丰鸿门，意图消灭刘邦。刘邦军不足10万，自

● 新丰鸿门宴遗址城墙

料力不能敌，于是回军霸上，并竭力拉拢项羽的叔父项伯请为调解，并亲赴鸿门谢罪，示以诚意，并表示归顺。

事件始末是这样的：

刘邦屯军霸上，在项羽还没有进入关中时，刘邦的左司马曹无伤派人对项羽说："刘邦想要在关中称王，让投降的秦王子婴做丞相，秦都咸阳府库里的珍宝全都被刘邦占有。"项羽勃然大怒，说："明天早晨犒劳士兵，我要打败刘邦的军队！"这时候，项羽的军队40万，驻在新丰鸿门；刘邦的军队10万，驻在霸上。项羽的谋士范增劝告他说："刘邦在没有进入关中的时候，对钱财货物非常贪恋，也很喜爱美女。自从进入关中后，突然像变了个人似的，既不掠取财物，也不迷恋女色，这说明他的志向不小啊。我叫人观望他那里的云气，都是龙虎的形状，呈现五彩的颜色，这是天子的云气呀！赶快攻打，不要失去机会。"

楚营的左尹项伯，是项羽的叔父，一向同张良交好。张良这时正跟随着刘邦，是刘邦的重要谋士。项伯就连夜骑马跑到刘邦的军营，

新丰项王营城楼

私下会见张良，把事情原原本本全告诉了他，想叫张良和他一起离开，说："不要和刘邦他们一起死了。"张良说："我是韩王派给沛公刘邦的人，现在沛公遇到危急的事，逃走是不守信义的。这样危急的大事不能不告诉他。"

于是张良进去，全部告诉了刘邦。刘邦非常吃惊，说："这件事怎么办？"张良说："是谁给大王出这条计策的？"刘邦说："一个见识短浅的小子劝我说'守住函谷关，不要放诸侯进来，秦国的土地可以全部占领而称王'。所以就听了他的话。"张良说："您估计我们的军队能抵挡项王吗？"刘邦沉默了一会儿，说："当然不行啊，这将怎么办呢？"张良说："请让我去告诉项伯，说刘邦不敢背叛项王。"刘邦说："你怎么和项伯有交情？"张良说："在秦朝时，他和我就认识了。项伯杀了人，我救过他；现在事情危急，幸亏他来告诉我。"刘邦说："跟你比，年龄谁大谁小？"张良说："他年长。"刘邦说："你替我请他进来，我要像对待兄长一样对待他。"张良出去，邀请项伯，项伯就进去见刘邦。刘邦捧

● 汉高祖刘邦

上一杯酒祝项伯长寿，并且和项伯约定结为儿女亲家，说：“我进入关中，一点东西都不敢据为己有，登记了官吏、百姓，封闭了仓库，等待将军到来。派遣将领把守函谷关的原因，是为了防备其他盗贼进来和意外的变故。我日夜盼望将军到来，怎么敢反叛呢？希望您告诉项王我不敢背叛。”项伯答应了，对刘邦说：“明天一大早您最好能亲自来向项王道歉。”刘邦答应了。于是项伯又连夜离去，回到军营里，把刘邦的话报告了项羽，趁机说：“如果沛公不先攻破关中，你怎么敢进关来呢？现在人家有了大功，却要攻打他，这是不讲信义啊！不如趁此好好款待他。”项羽答应了。

刘邦第二天早晨带着一百多人马来见项王。到了鸿门，向项王谢罪说：“我和将军合力攻打秦国，将军在黄河以北作战，我在黄河以南作战，但是我自己也没有料到能提前进入关中，灭掉秦朝，今天能够在这里又见到将军。现在有小人制造谣言，使您和我发生了误会。”项王说：“这是沛公的左司马曹无伤说的，不然的话，我怎么会这样呢？”项王当天就留下刘邦，和他饮酒。项王、项伯朝东坐，项羽的军师亚父范增朝南坐。刘邦朝北坐，张良朝西陪侍。范增多次向项王使眼色，再三举起他佩戴的玉玦暗示项王，乘机杀掉刘邦。项王看到了，却一言不发，没有反应。范增急了，立刻起身，出帐外去召来项庄，说：“项王心慈手软，你进去上前敬酒，敬完酒，请求舞剑，找机会把沛公杀死在座位上。否则，他将会成为我们最强大的对手，说不定我们以后都会成为他的阶下囚！”项庄就进去敬酒。敬完酒拱手行礼对项羽说：“大王和沛公饮酒，军营里没有什么可以供娱乐的，请让我舞剑助兴吧。”项王说：“好。”项庄拔剑起舞，项伯也拔剑起舞，常常张开双臂像鸟儿张开翅膀那样用身体掩护刘邦，项庄努力了几次都没有办法接近刘邦的身体。

在这剑拔弩张、危机四伏的紧要关头，张良赶忙起身匆匆走出了帐外。

张良来到军营门口找樊哙。樊哙焦急地问："里边的情形怎么样？"张良说："很危急！现在项庄拔剑起舞，表面上是助兴，其实他真正的意图却在汉王身上啊！"樊哙说："这太危急了，请让我进去，跟他一决生死。"于是樊哙右手拿剑，左手持盾，冲入军门。持戟交叉守卫军门的卫士想阻止他进去，樊哙侧着盾牌撞去，卫士跌倒在地上，樊哙趁机就进去了，掀开帷帐朝西站定，瞪着眼睛死死地盯着项羽，气得汗毛倒竖，眼角开裂。项王握着剑挺起身问："客人是干什么的？"张良说："这是沛公的马车夫，名叫樊哙。"项王说："壮士！赏他一杯酒。"侍者就递给他一大杯酒，樊哙拜谢后，站起身来，一口气就把酒喝完了。项王又说："赏他一条猪前腿。"侍从就从煮肉的大鼎里捞出一条未煮熟的猪前腿给他。樊哙把他的盾牌扣在地上，把猪腿放在肩膀上，拔出剑来把肉切下来大口吃着。项王一看，说："壮士！还能喝酒吗？"樊哙说："大丈夫死都不怕，一杯酒有什么可推辞的？秦王有虎狼

项庄舞剑

一样的心肠，杀人唯恐不能杀尽，惩罚人唯恐不能用尽酷刑，所以天下人都背叛他。楚怀王曾和诸将约定：先打败秦军进入咸阳的人封作王。现在沛公首先打败秦军进了咸阳，府库里的东西丝毫都不曾动用，封闭了宫室，军队退回到霸上，特意等待大王到来。之所以专门派遣将领把守函谷关，那是为了防备其他盗贼的出入和意外的变故。这样劳苦功高，没有得到封侯的赏赐，大王却听信小人的离间，要杀有功的人，您这样残暴的做法就是已经灭亡了的暴秦的继续。我以为大王不应该这样做。”项王顿时哑口无言了，说：“坐。”樊哙紧挨着张良坐下。坐了一会儿，刘邦起身上厕所，借机把樊哙叫了出来。

刘邦出去后，说：“现在出来，还没有向项羽告辞，这可怎么办？”樊哙说：“做大事不必顾及小节，讲大礼不必计较小的谦让。现在人家好比是菜刀和砧板，我们是鱼和肉，还告什么辞呢？”于是就决定离去。刘邦就让张良留下来道歉。张良问：“大王来时带了什么东西没？”刘邦说：“我带了一对玉璧，想献给项王；一双玉斗，想送给亚父。正碰上他们发怒，不敢奉献。你替我把它们献上吧。”张良说：“好的。”这时候，刘邦的军队驻在霸上，离项王的军队驻地鸿门相距四十里。刘邦就留下车辆和随从人马，独自骑马脱身，和大将樊哙、夏侯婴、靳强、纪信等四人拿着剑，提着盾牌徒步逃跑，从骊山脚下取道芷阳，抄小路走。刘邦对张良说：“从这条路到我们军营，只有二十里路程，估计我回到军营了，你再进去吧！”

项羽

刘邦离开后，抄小路逃回军营里。张良进去道歉，说：“汉王不胜酒力，不能当面告辞。让我奉上白璧一双，拜两拜敬献给大王；玉斗一双，拜两拜献给大将军。”项王说：“沛公现在何处？”张良说：“汉王听说大王有意要责备他，就独自离开，已经回到霸上军营了。”项王就接受了玉璧，把它放在座位上。亚父范增接过玉斗，摔在地上，拔出剑来敲得粉碎，气狠狠地说："唉！这小子不值得和他共谋大事！夺项王天下的人一定是刘邦。我们以后都会成为他的俘虏了！"

刘邦回到军营里，立刻杀掉了奸细曹无伤。

这场军伍之宴是中国历史百件事件之一，它不仅改变了历史人物的命运，也改变了中国的历史走向。鸿门宴诠释了历史的变数和偶然，被史学家称为"千古一宴""天下第一宴"！后人也常用"鸿门宴"一词比喻不怀好意的宴会。

此后又经历了长达四年的楚汉战争，最终刘邦以弱胜强，赢得天下的最高统治权，做了中国历史上第一个布衣皇帝，定国号为汉。从此中国结束了秦朝的残暴统治和连绵不断的战争，经过了刘邦及其子孙后代400多年的统治，逐步实现了社会经济的快速发展，政治清明，文化繁荣，国力强盛，对外影响不断扩大，汉也成为中国人的文化符号和身份象征，并为世界其他各国所认同。

新丰镇项王营遗址

高祖孝父建新丰

据《西京杂记》记载，公元前202年汉高祖刘邦建立汉朝，定都长安之后，尊其父刘煓为太上皇。将其父刘煓从江苏丰县老家接来，享受荣华富贵。刘邦"五日一朝太公，如家人父子礼"，极尽孝道。可身为太上皇的刘煓不理他这一套。原来刘邦年轻时，他从来不种庄稼不干活，不喜欢读书，整日游手好闲，喜好结朋交友，刘煓常以不知创家立业训斥他。刘邦不以为然。刘煓骂其为忤逆子，很不喜欢他。更使刘煓刻骨铭心的是，楚汉相争时，项羽为激刘邦交战，烧一大锅滚烫的油，将刘煓高高吊在锅上，对刘邦说："如果你今天不交战，我就把你的父亲放进滚油锅里。"岂料刘邦答道："我父即你父，如果要用油炸了

汉太上皇陵

你父的话，请分给我一些肉汤。”

刘邦做皇帝后，曾无不夸耀地问刘煓说，我小时候，你整天责骂我不如兄长，不知创家立业，今天看来，我与哥哥谁更能创家立业呢？言语之间，流露出颐指气使、目空一切的骄横之情，使刘煓更加生气。加之老人一生勤劳，手脚不闲，长年喜欢和家乡一些屠户、商贩、卖酒的、卖饼的人一起斗鸡、蹴鞠（踢球），一生以此为乐。现在搬到这儿，皇宫里虽然有吃不尽的山珍海味，饮不完的琼浆玉液，但远离了亲朋故友和熟悉的家园，有爱好却没有一个熟悉的人一起来玩，所以很不开心，整日郁郁寡欢。

为此，刘邦命令工匠胡宽为特使，专门到沛郡丰邑（今徐州丰县）测量、绘图，然后在国都长安东郊的秦国故地骊邑（今西安市临潼区），仿照沛郡丰邑造了一座新城，它完全按照家乡沛郡丰邑的老样子，街道、房屋一切照旧，并将老家丰邑太公的故交全迁过来。男女老幼，齐聚新丰，每个人一看都知道自己的房子在哪儿，街上到处跑的狗、羊、鸡、鸭也都能认出自己的家，这就是“鸡犬识新丰”成语的由来。太上皇一看，乐了！这座新城就是后来的新丰。中国历史上一段孝顺父母、顾念乡情的佳话至此流传千古。

公元前197年（汉高帝十年），刘煓去世，高祖刘邦依其生前所好和遗愿，将其葬于距栎阳城10多华里的荆山塬。陵寝与新丰镇隔渭河遥遥相对，取其不离故乡之意。

太上皇刘煓陵寝平地起坟。坟呈覆斗形。现存封土底部东西长58米，南北宽60米，高10.7米。顶部东西长25米，南北宽26米，陵前竖有清代陕西巡抚毕沅手书“汉太上皇陵”的高大墓碑，至今雄踞在荆山塬上。

不久刘邦又正式下令，将骊邑改名为新丰县，县治在今临潼区新丰镇西南两公里的李家坡（即阴盘坡）一带，辖区依旧。隋大业六年（610）迁县治于今新丰镇，一直延续至今。

玄宗新丰擢姚崇

开元元年（713）十月，唐玄宗在新丰进行讲武检阅军队之时，召见了已被贬官的姚崇。姚崇针砭时弊，向玄宗进奏《十事要说》，次日，被正式拜为兵部尚书、同中书门下三品（即宰相职务），很快又晋爵封梁国公，又迁紫微令（中书令的别称）等官职。

姚崇出任宰相之后，没有辜负玄宗的信任。他辅佐朝政，革故鼎新，大力推行社会改革，兴利除弊，先从整顿制度入手，裁撤冗官，铨选官吏，人尽其才；抑制皇亲国戚和功臣的权势，注意发展生产，为“开元盛世”奠定了坚实的政治和经济基础。

新丰美酒醉天下

“新丰美酒斗十千，咸阳游侠多少年。”这是大诗人王维的《少年行》中的诗句，他从侧面说明唐代时新丰盛产美酒，此外新丰炙（鹿肝、牛肝）也久负盛名。

新丰酒属于米酒。米酒的酿造一般要经过制曲、投料、发酵、滤酒和加热处理等步骤。据北魏贾思勰的《齐民要术》记载，酿酒用的曲酶多在农历七月以前制作，特别是上寅日做得多，特殊情况放在九月做。白居易在《家酝十韵》诗后注中云“水取九月九之水，曲取七月上寅日之曲”，这样酿出来的酒醇美芳香。

唐时，米酒的生产可分官酿、坊酿和家酿三大系统。坊酿是指民营酒坊酿酒，所酿之酒用于出售。那时期的民营酒坊多集酿酒与售酒于一体，大中城市和交通要道附近是民营酒坊的集中之地。如唐代都城长安及其周围三辅地区的霸陵、虾蟆陵、新丰镇、渭城、冯翊、扶风等处是民营酒坊的高度密集区。

关于新丰酿酒的历史可追溯到汉代，相传新丰建成后，太公还想喝家乡的酒，刘邦就将家乡的酿酒匠迁到此处，从此新丰美酒享誉天下。唐代时达到了鼎盛时期，尽管当时价格不菲，依然吸引着许多文人墨客和官宦富家子弟来此品味，留下了许多为人熟知的诗篇，其中还不乏一些典故。

唐朝大诗人李白，号称酒仙，他与贺知章、崔宗之、苏晋、张旭、汝阳王、李适之、焦遂八人都喜欢饮酒作诗，被世人称为“饮中八仙”。

饮中八仙

天宝三年，唐明皇收到一封西域番邦送来的番文文书，问遍朝臣无人可识。当时饮中八仙之一的贺知章说李白认识番文，可以翻译。皇上于是就把李白召进宫，要他翻译番文。第二天，在金銮殿上就叫李白翻译番文，还要他代皇上起草一份复番邦的唐朝大国之圣谕。李白看了好久就是不翻译，急得唐明皇不知所措，站在一旁的贺知章就对太监高力士说：“快敬酒！李白一喝酒，文思才华就出来了。”高力士赶忙命人搬来了一坛酒请李白喝。李白举坛就喝，喝了几口就放下酒坛问高力士：“这是什么酒，清淡无味！”李白连连摇头说：“这酒哪里比得上新丰美酒，那里的酒才是真正香醇令人醉倒，让你不知何处是家乡！”

坐在唐明皇一旁的杨贵妃，听罢就开口说：“想不到世上还有如此好酒，我也想品尝一下。”此话一出口，高力士立即就派人搬上新丰美酒，请皇上和贵妃慢慢品尝，李白这时才抱笔边喝酒边答番书。其间叫杨国忠研墨；后因李白脚气太重，脚丫子痒还叫高力士为他脱靴。杨国忠和高力士为了讨好皇上只得为李白研墨和脱靴，不过从此他俩与李白结下了积怨，使李白后半生一直不得志，这是后话。

京剧经典剧目《贵妃醉酒》

一个月后，唐玄宗先一日与杨贵妃约，同往兴庆宫沉香亭下赏花饮酒。至次日，杨贵妃遂先赴沉香亭，备齐御筵候驾。孰意迟待移时，唐玄宗车驾竟不至。于是派人前去探寻，方得知唐玄宗已幸江妃宫中，杨贵妃闻讯，懊恼欲死。杨贵妃性本褊狭善妒，一时竟难排遣，杨贵妃遂借这醇美香甜的新丰美酒消除心中烦闷。几杯过后，最终醉倒在沉香亭中，这就是民间流传的“杨贵妃醉酒”。

李商隐《风雨》：“凄凉宝剑篇，羁泊欲穷年。黄叶仍风雨，青楼自管弦。新知遭薄俗，旧好隔良缘。心断新丰酒。销愁斗几千？”诗中的新丰酒同时暗含着两段唐初故事。“凄凉宝剑篇，羁泊欲穷年。”引述初唐大将郭震，落魄未遇时写的一篇托物寓志的诗歌《宝剑篇》。以宝剑遭到捐弃被埋尘土比喻有才之士沦落不遇，但“犹能夜夜气冲天”，在磊落不平之中犹有热切的报国之心。这首诗深受武则天的赏识，后来郭震被重用，实现了报国之志。

“心断新丰酒。销愁斗几千？”讲的是初唐马周落魄未遇时西游长安，借宿在新丰旅舍，店主人只顾接待商贩，对马周颇为冷淡，马周便自取新丰酒独酌。后来马周得到唐太宗的赏识，官居高职。心断，指绝望。诗人是说自己有马周当初的落魄，却不再指望能有他后来的幸遇。愁苦万分，却又万般无奈，于是诗人只好借酒浇愁，而不惜耗费千钱。

时光飞逝，岁月如潮，20 世纪末为配合国家制定西部开发规划战略，缓解西安枢纽运输压力，提高陇海铁路运输能力，开始筹建新丰镇编组站，于 2008 年 9 月 30 日全面完工，成为国内欧亚大陆桥中最大的铁路枢纽和物资集散地之一，也是目前亚洲最大的路网性铁路编组站，为沟通东西方物资交流和国家的经济建设发挥着重要作用。

新丰镇编组站调度中心

穿越历史的村镇

分封三秦

零口镇

临潼零口古称戏，武王伐纣有日记。
西咸锁钥排战场，十面锣鼓成非遗。

如今，许多人存在这样一个认识上的误区，认为“三秦”就指的是陕西的关中、陕南和陕北。而事实上，“三秦”只包括整个关中和陕北的一部分，它源于秦末项羽率军进入关中后，在戏这个地方分封诸侯王的历史事件。戏就是今天的临潼区零口镇。

零口镇位于临潼区东北部，南靠骊山，北临渭河；零水、戏水分别环绕东西，因处于零水入渭处而得名，自古以来就是连接西都长安和东都洛阳交通要道上的重镇之一。此地西周时叫戏邑，其治所在今天的戏下村，也是临潼历史上出现最早的县名；武则天天授二年（691）置鸿州府，设鸿门县于零口，后撤州并县始设零口镇；20 世纪 50 年代为

零口戏河老桥

零口乡，2007 年 1 月改设街道至今。

“零口姑娘”惊天下

1995 年冬，考古工作者在零口村发掘了一处新石器时代村落遗址。从遗址内出土了大量的石器、骨器、陶器等文物，以及多个半地穴式民居遗迹和 14 座古墓葬，这些文物和墓葬填补了白家村文化和仰韶文化之间的空白，完善了新石器时代的考古历史，使历史学家对我国仰韶文化的起源研究方面取得了很大突破，被史学界和考古界称为“零口文化”。

在清理墓葬的时候，其中一座考古编号为 M21 的单人墓葬，引起了考古专家们的注意，墓主是年龄 15～17 岁左右的一位姑娘，这个年龄在当时大约相当于现在的人到中年，专家称其为“零口姑娘”。经专家对其遗骸进行检查分析，发现她的骨骼损伤极其严重，竟是被虐杀而死，并在其体内找到了凶器共 18 件，其中骨叉、骨笄各 8 件，骨镞 2 件。左手骨几乎未存。死者至少受了 35 处严重损伤，其中有 29 处是锐器伤，包括骨叉损伤 12 处，骨笄损伤 15 处，骨镞损伤 2 处。其他 6 处是复合伤，多发生在上、下肢的关节部位，致伤物不详。

29 处锐器伤是“零口姑娘”的肉体被锐利器物刺穿、刺切到体内骨骼形成的，它们分别发生在头骨、脊椎骨、肋骨、髂骨、耻骨及骨盆等许多不同的骨骼、不同的位置，受力于不同的方向。其中以脊椎损伤最多。有些损伤，如颅骨、胸部的损伤，是伤及脑颅和心脏等要害部位的致命伤害。

零口姑娘遗骸

关于她的死因之谜也成了进一步研究的课题，为此央视科教频道还专门以“零口姑娘”为题，进行了连续多集的相关报道。考古学家、历史学家分别从各个角度展开思考，讨论“零口姑娘”的死因之谜，众说纷纭。“零口姑娘”的惨死原因成为考古界的一个重大谜团。

不管“零口姑娘”的死因是什么，作为身处今天这个文明社会的我们，应该通过这个全身受伤、疼痛惨死的姑娘，认识到人类从蒙昧无知到走向文明，经历了多少艰辛的探索，付出了多么惨痛的教训，凝结了多少人的血泪。站在这个7 000年前的墓坑前，我们庆幸自己远离原始的残忍时，更应该站在人类社会进步的新起点上，为创造一个幸福、充满仁爱的和谐社会贡献自己的一份温情，用我们的热情营造出一个温馨的中国和世界大家庭。

武王伐纣有日记

簋是古代的一种青铜食器，主要用来盛装煮熟的稻、粱等食物，犹如现在的饭盆。在祭祀或宴享时，它又是一种重要的礼器，和鼎配套使用，供奉在神坛上祭祀上天、祖先。

现收藏于中国国家博物馆，被列入中国文物中的九大“镇国之宝”的青铜器——利簋，1976年出土于零口镇南罗村，是迄今能确认的西周最早的青铜器。由于簋的主人是利，所以被称为利簋。又因为铭文记载了周武王伐纣的史实，也有人称其为“武王征商簋”。

利簋采用上圆下方的形制，是西周初期铜簋的典型造型，同时也是中国古人天圆地方这种古老观念的体现。利簋通高28厘米，口径22厘米，重7.95千克。该器物最有价值的是腹内底部铸的4行32字铭文，铭文很简略：“珷征商，唯甲子朝，岁鼎克，昏夙有商。辛未，王在阑师，赐右史利金，用作施公宝尊彝。”翻译成现代白话，意思是：武王

西周利簋

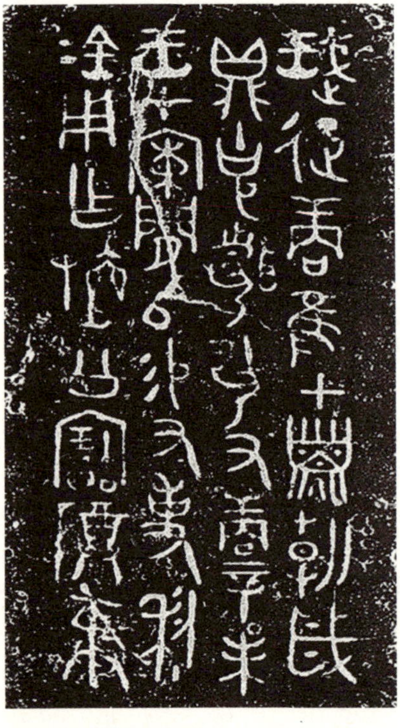

利簋铭文拓片

征讨商纣王，在甲子日的早晨，经过一番厮杀打败了敌军，到晚上占领了商都。第八天辛未日，武王在“阑师”这个地方赏赐了一个叫利的右史（官职）一些铜，利用这些赏赐的铜专门铸造了这件祭祀他的祖先施公用的簋，希望自己能得到祖先的保佑。

利簋的发现，除澄清了以往关于武王伐纣具体日期疑惑外，还证实了古籍中所记载的“战一日而破纣之国”的正确说法。

1996 年国家启动了夏商周断代工程，历史学、考古学、天文学和物理学家们通过分析研究史料，对相关遗物进行碳 14 测定，同时根据天文现象推算等艰苦细致的考证研究之后，得出武王克商的确切年代是公元前 1046 年 1 月 20 日，而这一天正是甲子日，和利簋铭文的记载完美吻合。

褒姒一笑倾天下

想必许多人都知晓“烽火戏诸侯，千金一笑”的故事。周幽王姬宫涅最宠爱的妃子褒姒原是一名弃婴，被一家姓褒大户收养，在褒国（今陕西省汉中以北）长大，于是也自然就姓褒了。公元前 779 年（周幽王三年），周幽王关押了褒国的首领褒珦，褒人献出美女褒姒替褒珦向周天子谢罪。幽王爱如掌上明珠，立为王妃，周幽王对他的宠幸超过了所有的后妃们。第二年，褒姒生下了一个儿子，叫伯服（有些书上叫伯般），幽王对她更加宠爱了，竟废去王后申氏和太子宜臼，册立褒姒为王后，立伯服为太子。

褒妃虽然很美，但是自她进宫以来从来没有露出笑容。如此美丽

烽火台遗址

的王后却不会笑，真是让人纳闷。为此，周幽王提出："谁要能博得娘娘一笑，就赏他一千斤金子（当时把铜叫金子）。"大臣虢石父提议，让周幽王登骊山烽火台，命令守兵点燃告急的烽火，只要诸侯看到滚滚狼烟，就会带领人马前来救驾，看到这样壮烈的场面，说不定会换得褒姒一笑。周幽王听了之后跃跃欲试。

一天傍晚，周幽王带着爱妃褒姒登上城楼，命令四下点起烽火。临近的诸侯看到了烽火，以为西戎（当时西北方的一个少数民族部落）来犯京师，便以最快的速度领兵赶到城下救援。当诸侯的大队兵马到达时，但见灯火辉煌，鼓乐喧天。一打听才知是周幽王为了取乐于娘娘而干的荒唐事儿，各个诸侯汗流浃背，狼狈不堪，敢怒不敢言，只好气哄哄地收兵回营。褒姒见状，果然蛾眉一弯，淡然一笑。周太史伯阳叹气道："周王室已面临大祸，看来是不可避免的了。"

由于申后被废十分恼怒，她的父亲申侯联合缯国，勾结犬戎，带领大军对幽王兴师问罪，共同进攻周朝都城镐京。幽王虽然点燃烽火报警，但各诸侯害怕再次被戏弄，都没有发兵前来救驾。镐京被攻下，幽王带褒姒逃到骊山山麓被犬戎人杀死（一说褒姒被掳），今戏下村西南有周幽王陵；宋家村东崖下的戏河沟相传为褒姒碰死之地，名曰碰头沟，旁边还有褒姒墓。从武王建立西周王朝到幽王被杀，统治了约275年的西周王朝至此而亡。

西咸锁钥数零口

秦二世元年（公元前209）七月，陈胜、吴广农民起义军建立"张楚"政权后，陈胜令假王（副王）吴广率主力进攻荥阳（今河南荥阳东北古荥镇），想打通西面进入关中（指函谷关以西地区），进攻秦都咸阳的通道。因吴广久攻荥阳不下，故任命周文为将军，率几千乘战车，步兵数十万人从陈县出发，想直接攻占咸阳。周文的军队乘秦廷不备迅速西进，攻入天险函谷关（今河南灵宝老城东南，因在山谷中，险如函，故名），进逼关中，给朝廷以极大震恐。

九月份，起义军进军至距咸阳仅百里的戏。此时，咸阳兵力空虚，秦二世只好令少府章邯带领一支由刑徒和私家奴隶武装起来的军队，阻击义军。而周文所率义军不知为何没有继续进攻，使朝廷获得喘息的机会，并有了组织反攻的时间。于是少府章邯抽掉陪葬俑（秦兵马俑）手中的兵器将修建秦始皇陵的数万刑徒和一些私家奴隶编入军队，向周文率领的张楚起义军发起进攻，周文的军队原来就是乌合之众，从小路闯入函谷关，并未经过战斗，突然碰到章邯的进攻，立即大败，东遁出关，暂屯集于曹阳（今河南灵宝市东十四里）。

秦二世三年（公元前207）十二月，项羽率楚军到达巨鹿县南的黄河（一说为漳水）边命令全军破釜沉舟，打败了章邯所率领的秦军主力，并作为诸侯联军的总指挥，率领四十万大军向西进入关中。

次年二月，项羽在戏地分封十八路诸侯王。其中他将关中陕北划为三份，封秦朝降将司马欣为塞王，都城栎阳（今陕西阎良武屯镇古儿屯一带），占有今咸阳以东的地区；封章邯为雍王，都城废丘（今陕西兴平市），占有咸阳以西和甘肃东部地区；董翳为翟王，都城高奴（今陕西延安市东北延河北岸），占有今天的陕北地区。这就是陕西又被称为三秦的由来。

项羽分封十八路诸侯王，代表了六国没落的贵族利益，而且分封不公，其中有好多人的封地比原占有的地盘还小得多。加上项羽刚愎自用，生性残暴，有勇无谋，在和秦国作战时往往攻破城池，残杀降兵，进入咸阳后，又大肆烧杀，阿房宫火光三月不息，怨声载道，失去人心。秦朝灭亡后，项羽自封为西楚霸王。他违背了对楚怀王的诺言，没有封最先进入关中的刘邦为关中王，而把刘邦封为汉中王，把刘邦的势力赶到了秦岭以南的汉中巴蜀一带。由于矛盾重重，很快引起分封诸侯王之间的武装冲突，最终导致了长达四年之久的楚汉战争。

与之相反，在去汉中上任时，刘邦接受谋臣张良的计谋，采取韬光养晦的策略，烧毁了汉中通往关中的褒斜栈道，以示自己无意占据关中，用以麻痹骄傲自大的项羽。后来又接受韩信“明修栈道、暗度陈

● 明修栈道图

仓”的建议，于公元前 206 年六月派大将樊哙重修褒斜栈道，八月出兵陈仓（今陕西宝鸡以东），以迅雷不及掩耳之势，先平雍地，消灭了章邯的军队。塞王司马欣、翟王董翳很快举国投降。一个月内，刘邦全部占有关中，成为名副其实的关中王。

唐代安史之乱后，唐王朝开始走向衰落，相继出现了宦官专权、藩镇割据、朝臣党争的格局，到了晚唐时期，社会矛盾日益突出，整个社会千疮百孔，民不聊生。自 859 年起，到公元 884 年的 25 年间，各地相继爆发了一系列农民起义，尤以黄巢领导的农民起义影响最大。

公元 880 年，黄巢义军攻克潼关，乘胜攻取华州（今陕西华县），留义军将领乔钤镇守。大唐的留守王重荣向义军投降，黄巢率义军直取长安。但由于没有抓住战机，乘胜歼灭官军的有生力量，在占据长安两年零四个月后，受到了官军的反扑，被迫退出长安。公元 883 年三月黄巢派尚让带兵营救华州时，在零口与李克用、王重荣率领的官军发生激战，结果黄巢义军损失惨重，最终自蓝田进商山，撤退入河南境内。

黄巢零口之战

十面锣鼓响千年

2007年5月，陕西省人民政府对陕西省第一批非物质文化遗产名录予以了公布。其中的十面锣鼓是一种象征吉祥、喜庆的欢快的鼓舞，是西安市临潼区零口街办零塬村的一种特有的汉族舞蹈艺术。也流行于毗邻的临潼区马额、纸李、新丰、铁炉等乡镇及与临潼相连的渭南和高陵区的个别地方。每逢春节到元宵节期间，零塬地区的村民就会拿起金光闪亮的铜锣，用粗糙的双手操起硬木鼓槌敲动硕大的牛皮大鼓，用震天的锣鼓庆祝新年的到来，发出新年的祈福。

十面锣十面鼓是流传下来的古老的汉族鼓舞，原来由21人组成，其中10人敲锣，10人打鼓，1人引马锣，锣鼓各站一行。表演者头扎白毛巾，上身穿白纱套黑马褂，马褂背后绣有太极图，下身穿黑裤子，足蹬圆口布鞋，腰系七尺红绸，一派北方农民的装束，代表了关中农民古朴憨厚的形象。背后腰间插一锣鼓花架，用来悬挂锣鼓。锣鼓架是用树枝弯成的，主枝上用白、蓝二色花布缠成锯齿形，枝上端插上用彩色纸做的纸花，并挂上妇女们刺绣做成各种戏文的工艺品，引马锣者为指挥，背后高插一杆帅字旗。

在流动演出中分列两行，锣鼓各一行，在广场表演时队形多变，常用的队形有"剪子交""三杆旗""游四门""五角星""五马卷蹄""白马分鬃""百鸟朝凤""太极图""珍珠倒卷帘""龙摆尾"等十个图形。表演者随着锣鼓节奏的变化，越敲越紧、越跑越快。锣鼓声声似雷鸣，背花林立似彩虹，让人们感到如同古代军旅操练布阵一般。当然现在已经发展到了百面锣鼓的规模，但是基本的阵形变换依然继承了古代的遗产。

零河两岸

根据留传下来的说法：十面锣十面鼓起源于楚汉相争时期，汉王刘邦与西楚霸王项羽在霸上对峙。项羽拥有重兵十万意欲攻打汉军，而汉军当时仅有少数兵力无法对抗。于是刘邦采纳了谋士萧何的计策，在九里山前设下十面埋伏，引诱楚霸王项羽进入埋伏圈后，让汉军每人身背旌旗、敲着锣鼓，往返跑动敲击，突然四面锣鼓大起。楚霸王看见汉军旌旗招展，鼓声大作、尘土飞扬、喊声震天，误以为汉军正在调兵遣将，疑有重兵埋伏，不敢妄动袭击汉营，于是退至乌江岸边，仰天长叹，拔剑自刎，终于贻误了大好战机，被汉所灭，楚汉相争到此结束，这就是著名的垓下之战。后人为了颂扬汉王功绩和大将韩信的谋略，创造了十面锣鼓，以模仿韩信所布疑兵阵。这虽属传说，但从现在表演的风格特色和服饰道具的运用，仍可感到具有一种古老的军旅布阵的气氛。

据《临潼县志》等资料记载，十面锣鼓已有两百多年历史。1954年，十面锣鼓参加了临潼首届民间艺术会演，荣获表演一等奖。以后

十面锣十面鼓阵容

只要有十面锣鼓参加省市级的会演比赛，都会载誉而归。十面锣鼓已是一个誉满全市的民间艺术了。

数百年来，民间逢年过节、过古会，十面锣鼓常被邀请去助兴。十面锣鼓除了春节耍社火时表演外，每年清明节当地宗族上坟祭祖时（俗称“上官坟”），也用作仪仗队伍。舞者身背色彩艳丽的花杆击鼓前导，增强了清明祭祖庄严肃穆气氛。

● 零口水库垂钓

“潮平两岸阔，风正一帆悬”。如今零口在农业生产和区域经济规划方面，已初步形成了塬上杂果带莲菜，沿塬十里栽花椒，全镇集中搞养殖的格局。2009 年又将 20 世纪 50 年代修建的零河水库改造成供人们休闲垂钓的人工湖。环境优美，游人如织，人们在此置身于碧波蓝天之中，享受着惬意美好的生活。在跨越发展的大潮中，零口人民正在用智慧和汗水精心绘制着西安东大门的绚丽蓝图。

穿越历史的村镇

女娲故里

仁宗乡

伏羲女娲承天意，兄妹结发做夫妻。
人祖庙里香火旺，骊山锥巴入非遗。

相信很多人对女娲补天、女娲抟土造人、伏羲画八卦等传说都有所了解,但却不一定知晓这些远古传说的发生地在哪里?就让我们重温传说故事,走进神秘的女娲故里——仁宗乡一探究竟吧!

传说华胥氏族的成员在一次大水灾中,遭受了灭顶之灾,只有伏羲、女娲两兄妹,坐在一只巨大的葫芦里,随着恶浪漂漂荡荡,被漂到了蓝田与临潼交界的一座山上,才幸免于难。当看到这个世界就剩下他们两个人的时候,他们兄妹二人便承担起延续人类的使命。

但是兄妹成婚,毕竟是很难令人接受的,于是他们商量听从上天的安排,根据天意来决定这件事。伏羲和女娲很郑重地双膝跪地,昂

西安临潼女娲宫

首面向浩瀚的苍穹，他们对天发誓说："假如苍天允许我们兄妹结为夫妻，繁衍人类，就让我们在四面山巅点燃的篝火冒的烟气聚合到一起！"发完誓，这时只见周围山顶的烟气汇聚到一块儿。难道这就是天意吗？他们兄妹二人还是将信将疑，商定再次征询一下天意。

他们两个人费尽千辛万苦，把两个大石磨盘搬到了骊山顶上。他们又一次对苍天郑重发誓说："苍天为证，先前我们发誓，云气汇聚到了一起。不知这是巧合，还是天命？我们兄妹二人肉眼凡胎，无法做出判断。现在我们把这两块石磨盘顺着山势滚下去，如果两块磨盘紧紧地合在一起，我们兄妹二人就听从天命，结为夫妻，繁衍后代。"

发完誓伏羲和女娲站起身来，两人各自把一扇磨石推下沟去，他们两人四只眼睛紧紧地盯着滚动的磨石向山下飞奔，他们的心也剧烈地跳动着……天命究竟会怎样呢？

看到两块磨石滚到山脚下倒地了。他们飞奔下山，看到两块磨盘竟然紧紧地合在一起了，天命如此，他俩就顺应天意，结为夫妻，人类从此得以延续。后人为了纪念伏羲、女娲结合，繁衍人类的功劳，就把他们所在的山叫磨合山，滚磨盘的山沟叫磨盘沟，并在磨合山上修建了人种庙。后来人们觉得人种庙名字不文雅，于是改称仁宗庙，又称人祖庙。

人祖庙

人祖庙位于西安临潼城区以东10公里左右的骊山最高峰。北魏地理学家郦道元《水经注·渭水注》“冷水”条有“山北有女娲氏谷”的记载。这里四季景色旖旎，环境幽美，女娲、伏羲在此繁衍华夏人类的传说流传甚广，还有磨盘山、女娲补天台、伏羲画卦台、猴娃山、石棺、金斗等自然奇石景观。

汉辛氏撰写的《三秦纪》上说：“骊山顶有秦始皇祠，如果去之前不斋戒，到那里就会兴起狂风暴雨，阻隔道路难以前往。假如行人不顾风雨强行前往的话，就会死无葬身之地。”西汉时，汉武帝在山顶修建了三皇庙，即华胥、伏羲、女娲三皇。汉代也把人祖庙称作汉露台。在唐代，人祖庙则被称作大地婆父祠。明清年间又恢复原称人祖庙，这个称呼距今已有2 200多年历史。这里群山环抱，山岭逶迤，地形险要，景色极具魅力，当地人把该处蜿蜒逶迤的八沟九岭形象地称为九条龙，人祖庙就坐落在这九条龙的相会之处，即九龙头上。如今的骊山景区以人祖庙为中心，向四周辐射形成了众多与伏羲女娲传说相关的奇异景观，这些景观又与骊山西绣岭上的老母殿、老君殿，封王沟的封王庙、老娲沟、母诞沟等古迹成为一体，使得人祖庙显得更为神秘。

骊山风光

这里气候变化分明，四季风景如画。阳春三月，山花如火如荼，开遍四野，身临其境，仿佛人置身于画中；夏天山风阵阵，祛暑消烦，让人浑身舒坦，神清气爽。若逢雨水来临，山壑之间烟雨蒙蒙，与其他名山大川云遮雾绕似的仙境并无二致。山高谷深，孕育了各种珍禽异兽。谷底常年溪水潺潺，清澈见底，伸手一掬，轻啜一口，甜入心底，齿颊生香。随意掀开一块石头，可能就会发现蟹螯乱舞的螃蟹，惊慌失措的小虾，感叹骊山不仅孕育了人类，也造就了千姿百态的万物生灵。山上的野生中药材随处可见。秋天雾霭朦胧，远山近水，红叶满山，黄叶飘零，色彩缤纷。不管是在秋高林静的山间，还是极目千里的山巅，既能感受季节轮回，也能体悟人生禅理。冬天的骊山银装素裹，山岭沟壑，一片洁白，令人心境澄明。不论什么时候来到骊山峰顶的人祖庙，都会有一番独特的景色供游人赏玩。

磨盘山·碾子沟

仁宗庙附近有个碾子沟也叫碾子谷，传说是女娲和伏羲祈求上苍成婚的地方。

兄妹成婚碾子沟

远古时期，洪水滔天而降，地上的生灵被冲淹得所剩无几，人类唯有伏羲女娲兄妹活了下来。兄妹二人拜完天地后，女娲、伏羲心情豁然开朗，久久困扰的疑惑被解开，此时大地百花齐放，长空微风习习。他们夫妻二人如一对彩蝶，并肩面对苍茫大地，仰天长啸，人类生殖开创了新的起点。他们双双回到栖身的山洞，朝夕相处，恩爱与共，辛勤劳动抚养着儿女。我们今天结婚最后的大礼叫作入洞房，人们将新婚夫妻生活的空间叫作洞房，来纪念女娲、伏羲栖身山洞繁衍人类。洞房是家庭创始的开端，构成了社会最小的单元。伏羲、女娲的夫妻洞就在半山坡上，一个洞房安置一对夫妇。一夫一妻，这一伦理习俗，至今仍是法律和道德的基本原则。

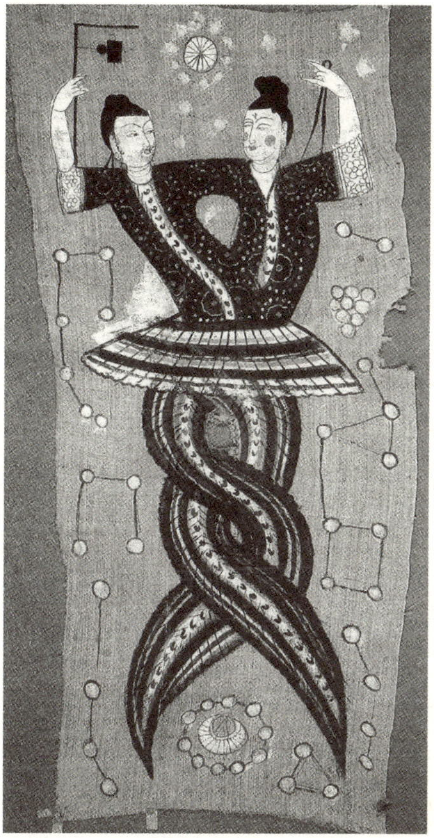
伏羲女娲交尾图

至今人祖庙附近的沟里还有两扇聚合形似石磨的巨石叫磨子石，旁边还有三块凑在一起的石头是兄妹石：东边这一块是伏羲，他伸臂欲抱中间那块小一点的石头是女娲，她的头稍偏微低，半推半就、欲应还羞的样子，西边大的是遮羞石，毕竟是兄妹呀！磨子石底下就是猴娃坡。放眼一望，只见满坡的白色石头，或翘首，或露背于绿草丛中，那攀山爬坡、活蹦乱跳的样子惟妙惟肖，称其为猴娃，形象、生动、有趣，不正是伏羲女娲兄妹孕育的精灵么！大自然用它的神功造化向人们演绎了一段人类起源的真实图景。

实际上女娲与伏羲兄妹通婚不一定是真有其事。正如孟繁仁说的："在女娲生活的远古社会，母权部族的成员们在最高首领女娲的带领、关怀下，过着无忧无虑、祥和雍熙，'只知其母，不知其父'的散漫生活。除了渔、猎和采集食物等日常劳作以外，玩土、和泥等游戏也是远古先民们童年时期的日常活动之一。由于他们赖以生存的食物都是来自山川、河流和辽阔的土地，所以在远古先民们的认识中，把化生万物的神秘大地与哺育生命的伟大母亲紧紧联系在一起……面对子民们对‘新成员来历’的疑问，这位满怀爱心和智慧的母亲，只好编造出富于想象力的‘抟土造人’童话，以搪塞和敷衍他们的提问。平时以泥土游戏为乐的部族成员，自然会对女娲圣母能令泥人变活的能力备感崇拜。”

人日·天穿节

每年农历正月初七传说是女娲抟土造人的日子，是人类诞生的日子，因此被称为人日，人们在这天要进行人日祈寿、晾娃、晒人等活动，一家大小要喝一顿稀沫糊意为黏人，祝福家人活得结实、健康，并在当地沿袭成俗。

凡去过骊山东绣岭石瓮寺的人都知道，这里的山石是红色的，据民间传说，那是女娲在骊山炼五色石烧红的。中国古代神话《淮南子·览冥训》记载，传说在上古时期，水神共工造反，与火神祝融交战，共工被祝融打败了，他气得用头去撞西方的世界支柱不周山，导致天塌陷，天河之水注入人间。女娲不忍人类受灾，于是炼出五色石补好天空，折神鳌之足撑四极，平洪水杀猛兽，人类始得以安居。

相传每年的正月二十日是女娲生日，后世为了纪念女娲氏补天的功绩，将这一天作为天穿节，当地民间又称女娲补天补地节。天穿节形成于汉代，是古代人们期盼风调雨顺、农业丰收和安乐和平的节日。这一天家家户户都要焚香燃烛、叩头礼拜以敬奉女娲娘娘，此项祭祀活动必须由家族中年长的主妇来主持，以象征女娲在氏族中的地位和作用。

此外家族中年长的主妇还要用面粉做烙饼或蒸饼，饼子要求圆而薄，名为补天饼。饼做好之后，要撕一片扔到房顶，以表示补天；再撕一片扔到井中或低处的地上，以表示补地，然后全家才能吃饭。这种行为既是对女娲补天的一种效仿，也是对始祖女娲——母系氏族时代女性不畏艰辛与大自然抗争的永恒纪念，这个习俗流传至今。

骊山单子会

骊山老母，又称无极老母、无极大天尊，是道教中地位崇高的女仙。也有学者认为：骊山老母很可能是女娲氏的后裔骊山氏——林氏国以后的一个女酋长，大约处在商、周之间。由于她居于骊山（女娲娘娘炼石补天处），因此在当地人心目中骊山老母就是女娲，骊山老母既是为了纪念女娲炼石补天之功的尊称，同时还是一位送子的女神，司马迁在《史记》中称女娲通神媒。

人祖庙内

每年夏季农历六月十一至六月十三日为骊山老母生日，大家共同来骊山老母殿烧香，求子、求福、许愿、还愿。因为前来赶庙会的人都要带着床单在山上住宿一晚上，以求子嗣，所以当地的人们把这次庙会称为“单子会”，官方和史书又叫骊山老母女媒节、善嗣会、传子会等等。

单子会的讲究是：为了表示心诚，求子、求福、许愿、还愿者必须在六月十二日下午上山，在山上过夜；上山时，只允许带一条粗布床单以备过夜。据传，古代有个女子婚后多年无子，于是在某天下午独自登上骊山，来到老母殿求子。天黑无法下山，只得在山上铺上床单过夜，最后得偿所愿。久而久之，每年到了农历六月十一、十二、十三这三天，大批当地人都会上山求子过夜，这种习俗一直流传至今。

在骊山周围民间传统风俗中，至今依然能看到对女娲崇拜现象。正月新春，女儿拜年娘送灯，闺女送娘女娃包，娘舅送的长命灯。这女娃包子（又叫女儿包、油角子），如今在临潼渭河北岸地区已演变成圆

节日礼俗与蛙图腾崇拜

形包子形状，唯在渭河南岸的骊山脚下各乡仍保留着出门女子给娘拜年要敬献巨形油角子两个的传统习俗，这种巨型油角子大至一、二斤重，外形分成两瓣，中间夹有青油。

端午送宗（送粽）就是祈生送种，端阳礼馍仍然是送面塑的蛤蟆，鸡（鸟）、鱼、小龙、锥巴等一组图腾形象，外加粽子十二个；重阳节送糕也是塔状面糕上附蟾蜍、鸟（鸡）、鱼、小龙、锥巴一组图腾形象，它既是保护神，又寄托着长辈对孩子们健康成长的厚望。锥巴是在花馍上捏锥子把把，象征男孩子，还包含孕育子孙的意思。

1972—1979 年，考古界在陕西临潼骊山北麓发掘了仰韶文化早期原始村落基址——姜寨遗址，其中出土的"蛙纹鱼纹彩陶盆"，内壁彩绘有对称青蛙两只，鱼四尾，均做游水状，其用笔简洁明快，神态生动逼真，与当地面塑造型十分相似。

经专家推断，它与鸟纹、鲁纹、鹿纹一起，同属仰韶四大图腾形象，与中华始祖女娲氏的"娲——蛙——娃"图腾有很大的关联，印证了女娲氏在骊山一带的活动轨迹，也为研究女娲习俗提供了大量丰富的远古信息和可靠的实物依据。

女娲作为中华民族始祖之一，其遗迹在全国各地有好多处，哪一个是正宗，很难有定论。一是时间太久远了，二是留给后人的都是大体相同的传说。就骊山仁宗庙而言，无论从古代典籍还是其特有的自然环境、民间习俗等方面都说明这里曾是女娲主要栖息地。北宋宋敏求的《长安志》记载："灞水之源出蓝田谷西，又西有尊卢氏冢，次北有女娲氏谷，则知此地是三皇旧居之所。"加之姜寨仰韶文化遗址等，可以断定，在七八千年前的母系氏族社会，女娲氏一族确实在骊山一带生活过，且与当地有

女娲风俗中的锥巴

关伏羲女娲的传说和习俗有着密切联系，由此而产生的祭祀女娲风俗是人类社会生活的一块活化石。它不但具有展现中华民族文化创造力的杰出价值，而且对维系中华民族的文化传承具有重要意义。2007年、2008年，“骊山女娲风俗”被分别列入陕西省、西安市两级非物质文化遗产名录。

穿越历史的村镇

中华之根

华胥古镇

秦岭巍峨界南北，终南幽深毓灵秀。
蓝田沃土出美玉，华胥始祖开源流。
仙踪莫测遗山海，后世追封入史轴。
女娲伏羲生五帝，华服溢彩满神州！

华胥始祖华胥陵

提起中华民族的始祖陵，人们大多会想到黄帝陵或炎帝陵，却很少有人知道华胥陵和了解华胥氏。华胥陵也称羲母陵，位于西安市蓝田县华胥镇，是华胥氏安寝的陵地，也是中华民族的祖根。

华胥镇位于蓝田县北边的西川，北枕骊山，南依秦岭，西临灞水，与白鹿原隔水相望，是我国境内早期人类的发祥地之一。《蓝田县志》中写道，蓝田县内有华胥氏陵，所以在历代史籍中被誉为三皇故居。清嘉庆年间因街道上建有一间油坊形成街镇故亦称油坊街，新中国成立初为华胥乡，因境内有华胥氏的羲母陵而得名。20 世纪 90 年代后

华胥陵封土

华胥镇三皇庙内塑像

期撤乡设镇，华胥镇的名称一直延续至今。

根据从华胥镇支家沟和十里河西余家沟等地发现的 20 多处新石器时代的人类遗址考证，它属于仰韶文化的中晚期。由此可以断定：从那时起，人们就开始在这里生活繁衍，这一时期也正是上古时期华胥古国所存在的时代。如今这里依然保留有一方关于记载三皇功绩的碑石，碑的正中刻有“古华胥”三个字，左右两边分别刻有“伏羲肇娠”“黄帝梦游”。

古华胥石碑

《中国历史大辞典》记载：华胥为上古国名，华胥氏作为华胥国的女首领，治国有方，人民安分守己，没有不良嗜好和邪念，淳朴忠厚，这一时期的华胥国被冠以盛世乐土的美称。

华胥氏是中华民族的最远古的始祖，生活的时代距今约 8 000 多年，是我国上古母系氏族时代风兖部落的一位杰出的女首领。她年轻有为，与族叔风偌率族人逐水草而居，过着浪漫的游牧生活。蓝田当地流传着华胥氏怀孕后曾经栖息在此地，也留下了美丽的传说。

华胥救难孕伏羲

相传在华胥国境内有个大湖泊——雷泽，雷神居住在这里。雷

华胥踩雷神脚印

泽两岸是雷河，华胥国的人都聚居在雷河两岸。年轻的雷神是个喜怒无常的人，当他不顺心时，雷河上就浊浪滚滚，波涛汹涌。如果雷神恼怒时，河水就会泛滥成灾，冲毁房屋，淹没庄稼。华胥国的人们束手无策，只能默默忍受。一天，有个叫华胥的姑娘去到雷神那里，找雷神理论。她的勇敢和直率打动了雷神。雷神说只要华胥姑娘嫁给他，他就会安分守己，造福民众。为了华胥国人的幸福，华胥姑娘答应嫁给雷神。一年后，华胥姑娘给雷神生了个儿子，雷神非常高兴，性子也越来越好。从此以后，雷神就会按照农耕的需要打雷闪电，行云布雨，雷河两岸年年风调雨顺，五谷丰登。

离家时间久了，华胥想念家乡，就把儿子放在葫芦上顺水而下，让他乘葫芦回到了家乡。他的姥姥看见他乘葫芦而来，就给这个外孙取名“葫芦”，按华胥国方言，伏羲与葫芦谐音。伏羲长大后，看见了蜘蛛织网，就发明了网子，可以在水里捕鱼，也可以在林中捕鸟。后来，他又教会人们制作熟食，人们也称他为庖牺，意思是称赞他是最好的厨师。

华胥镇有关古籍

天长日久，伏羲也开始想念母亲，就在都广天梯登上天庭看望母亲华胥夫人。天帝听了雷神的禀告，十分感动，也十分欣赏伏羲的才能和勇气，就封伏羲为华胥国国君，人间之王。

伏羲还根据农业生产的特点，创造历法，教人们打鱼捕猎，驯养家畜，制定了婚嫁的仪式，创造出了八卦符号，发明了可以吹奏的陶埙，还有弹奏的琴和瑟等乐器，并且根据治国的需要任命官员等。最重要的是他创立了中华民族的统一图腾——龙，龙的传人即由此而来。伏羲后来被中国神话描绘为人首龙身，被奉为中华文明的人文始祖。

女娲抟土造万民

相传抟土造人的女娲娘娘和伏羲是亲兄妹，都是华胥氏的孩子。

三国时期吴国徐整的《三五历纪》记载：自从盘古一斧子把宇宙劈开之后，轻浮缥缈的空气开始慢慢上升，成了浩渺广阔的天空；浑浊凝重的气体逐渐下沉，成了厚重广袤的大地。盘古死后他的身躯分化成日月、江河、风云、草木等等。他的气息化作了自然界的风云，他的声音变成了雷霆，他的左眼变成了太阳，他的右眼变成了月亮，他的四肢五体变成了四极五岳，他的血液化作了江河，他的筋脉变成了自然山脉，他的肌肉化作了田土，他的胡须变成了星辰，他的皮毛变成了花草

盘古开天

树木，他的牙齿和骨骼变成了金属和岩石，他的经络和骨髓变成了美玉和珠宝，他的汗水变成了雨水和湖泊。他身上的虱子、跳蚤等寄生虫，因为风雨的冲刷掉到了土地上，变成了自然界的鸟兽虫鱼。

● 女娲造人

盘古的这一斧子开天辟地，创造了宇宙万物，但是这一伟大的壮举耗尽了他的体力，他太累了，最终倒下了。飞禽走兽，花草虫鱼，日月星辰，风雨雷电都有了，唯独没有及时创造出人类，大英雄盘古带着遗憾离开了人世。

这时，女神女娲来了，她在广袤原野上行走。她看到了纵横起伏的山岭，奔腾万里的江河，高深茂密的丛林，浓郁繁盛的草木，天上百鸟翱翔，呼朋引伴，地上百兽活跃，奔驰而过，水中鱼儿嬉戏，草丛里羽飞虫鸣，这个世界真是精彩啊！可是女娲看了半天，也没有瞧见半个人影，连一个可以谈心的同伴都没有，真是郁闷啊！

女娲无精打采地来到池塘边，伸手撩拨起一朵朵水花玩，玩着玩着感到有些无聊。该玩点什么呢？她突发奇想地从岸边抓起一把泥巴，照着自己的倒影捏成自己的样子，这倒有几分意思。她捏了一个又一个，把她们摆放在池塘边。她捏着捏着，一不小心把水花溅到了泥人身上。奇迹出现了，泥人竟然揉揉眼睛，伸伸懒腰站起来了。她们欢呼着簇拥着女娲娘娘，真是太好了。她们在一起叽叽喳喳的，这个世界一下子热闹起来。捏泥人实在太累了，得捏多少他们才能不被野兽吞没掉啊！自己也会像盘古那样撑不住的……

女娲忽然想到，只有阴阳调和才能孕育新的生命，就像天地交感，产生风雷雨电一样。她又按照盘古的样子捏出了一些泥人，洒上清水，他们也活蹦乱跳起来。她给这些男女相互引荐，使他们结成了一对对夫妻，开始生儿育女，繁衍生息。

因为人是仿神的生物，不能与禽兽同等，所以她又建立了婚姻制度，使之有别于禽兽乱交。后世人就把女娲奉为媒神。

女娲补天救百姓

西汉宗室淮南王刘安主持编写的《淮南子》里有女娲补天的传说。

据说女娲的哥哥伏羲去世之后，水神共工造反，与火神祝融交战。共工被祝融打败了，他气得用头去撞西方的世界支柱不周山，导致天穹塌陷，天河之水注入人间，大地开裂了，威胁人间的生命安全。天不能普遍地覆盖万物，地不能全面地容纳万物；火势蔓延而久久不能熄灭，水势浩大而久久不能停止；凶猛的野兽吃掉孱弱的百姓，凶猛的禽鸟用爪子抓取老人和小孩。女娲不忍人类受灾，于是炼出五色石补好天空。她砍断海中巨龟的腿脚来做撑起四方的柱子，杀死黑龙来拯救中国，用芦灰来堵塞洪水。经过充满艰辛与智慧的努力，天空终于修补好了，天地四方的柱子重新竖立了起来，洪水退去，神州大地上又恢复了平静；凶猛的鸟兽都死了，善良的百姓存活下来，人类才得以安居乐业。

女娲补天

女娲补天是一个很著名的传说。《红楼梦》的第一回即引用这个传说，女娲为了补天，炼了三万六千五百零一块石头，用了三万六千五百块，但剩下了一块未用。有人认为，不周山暗喻房柱，其实补天就是盖房子，女娲补天的故事，其实是讲女娲这个人很聪明，会炼石盖屋。

兄妹结夫妻　孕育华夏根

事实上，女娲抟土造人和炼石补天都是后代华夏儿女对老祖先丰功伟绩的夸赞和追述，并不是确有其事。但是根据考古发现，女娲和伏羲是华夏族的祖先却不容置疑。

在河南唐河出土的汉画石上，有一幅伏羲女娲图，其前均有两朵烟，象征着夫妻可以结合。有的汉墓画像石上的伏羲女娲像，大多呈交尾状。把伏羲画成人首鳞身，把女娲画成人首蛇躯。把他们刻画成人格化的蛇神和女神。有的汉画石上的伏羲和女娲分别手捧着太阳和月亮：意为伏羲是太阳神，是阳精；女娲是月亮神，是阴精；取义阴阳和合，化生万物，阳光雨露滋育着万物生长。

这种独特的“交合”风俗，也是人类远古时期婚姻状态的真实反映，世界上每个民族在早期都是如此。可以说古今中西，概莫能外。

为什么在远古时期兄妹可以通婚呢？这就要从人类最原始的婚姻状态说起。人类最初是由古猿进化而来的，除了会直立行走，会劳动，有智能之外，跟其他动物一样，没有婚姻和家庭的观念。最初人类的两性关系是杂乱的，随着古人采集、狩猎经济的发展，古人类在劳动中开始按照性别、年龄进行分工，思维方式也开始逐渐进步。父母开始不愿与自己的子女发生两性关系，最后人类终于排斥了杂乱的两性关系，结束了杂婚时代，发展成比较固定的血缘族群，又称血缘家庭或血缘公社。马克思曾说：“在原始时代，姊妹曾经是妻子，而这是合乎道德的。”这样看来，伏羲和女娲兄妹通婚也就不足为奇了。

中华始祖千年传

世界上各个民族，特别是具有古老传统文化沉积丰厚的国家和民族，追溯到她的历史源头都有一个神话似的传说时代。因为在文明产生前没有文字记载，只能靠口头传说将他们认为熟悉而重要的事情代代口传下去。这些史料我们称它为影史，不是虚拟的，而是在一定真实的历史素材上的映象，是有一定依据的。

所以，司马迁在《史记·五帝本纪》开篇写道：我国有文字记载的历史，是从华胥氏开始的，她是中华民族的始祖母。华胥氏生伏羲、女娲，伏羲、女娲生少典，少典生炎帝和黄帝。正是由于华胥氏生养了伏羲、女娲。再由伏羲女娲结合成婚，才繁衍出了中华民族，形成了一脉相承的中华民族文化。因此，华胥氏被奉为中华民族的始祖母，是华夏之根、民族之母。华胥陵自然是全球华人的祖根所在。

陶埙

作为部落首领，华胥氏为了生存，带领部族民众不断地游徙，足迹遍及黄河流域。在与自然抗争和生产活动中，她和子女伏羲、女娲及其后裔，共同创造了灿烂的华胥文化。其主要贡献表现在五个方面：制定了嫁娶的礼仪，使远古人类逐渐摆脱乱婚、群婚的状态；发明了渔网捕猎，成为畜牧文化的源头；创造了原始图画文字，代替了原来的绳结记事；制作笙簧陶埙，将音乐带入人们的生活，这是中华音乐的起源；帮助人们修身养性，使人们朴实无华，将其统治地域分而治之，而且任命官员进行社会管理，为后代治理社会提供借鉴。这些贡献被后来炎黄的后裔逐步发展成为灿烂的中华文明，伏羲、女娲与神农氏也被尊为后世敬仰的“三皇”（一说伏羲、黄帝和神农）。

古代典籍《列子》中有黄帝曾经做梦神游到华胥国的记载。唐代人王瓘在《轩辕本纪》中进一步丰富了这个记载，他讲述了黄帝梦游华胥古国的传说：黄帝的时候，他听说华胥国是个仙国，心中非常向往，一直想有个机会到仙国去游览一次。一天，黄帝因为过度操劳，伏在桌上小憩。恍惚间，一阵大风吹来，黄帝只觉得两耳旁边呼呼作响，身体便飘然而起，飞驰电闪般地随风而行。他也不知道走了几千万里，竟来到了华胥国。在黄帝的感觉中，华胥国是在离他居住的部落很远很远的地方。

黄帝

华胥国的仙民见了黄帝，热情地接待了他。黄帝看到，在华胥仙国，没有什么首领，仙民之间也没有尊卑之分，没有特别的爱憎，人生下来没什么快乐，死去也没什么悲伤；没有亲疏，更没有什么悖逆，一切都顺乎自然。

更令他奇怪的是，华胥国的仙民在水中不会溺死，在火中不会烧死，用石砍没有伤痛，用手抓没有酸痛和痒的感觉。他们在空中行走，有如在平地上行走一样，山谷也挡不住他们的脚步，云雾遮挡不住他们的视线，万钧雷霆丝毫不影响他们的听觉，简直神极了！

黄帝高兴极了，不由得学着他们的样子走了起来，居然也能像华胥国的仙民一样腾云驾雾。他正在高兴，突然被什么东西绊了一跤，一个跟头摔了下来。他叫了一声："不好！"

睁开眼睛一看，自己仍伏在桌上。他回想一下，才明白刚才是做了一个梦，但梦中所见到的情景却历历在目，他不由大彻大悟：世间最美好的境界，不是凭自己的意愿就能得到的。

从此，黄帝在自己的部落中励精图治，关心百姓疾苦，后来和炎帝部落联合，击败了扰乱万民的蚩尤，被拥戴为部落联盟领袖，成为中华民族的共同祖先。

华胥陵，位于今华胥镇以北的孟岩村，紧靠村子西边是华胥沟，这与《蓝田县志》中所记载的华胥渚，即华胥氏与其子女的居住之地十分吻合。从当地民间传说得知，此地也是华胥氏怀孕后生存栖息之地。

据当地《地方志》《考古》杂志及20世纪60年代文物普查资料记

载:华胥陵原封土堆南北长110米,东西宽68米,高20米,陵区古柏参天,林荫蔽日,鼓钟高悬,殿宇祭台雄伟,常年祭拜不断,尤以农历二月二的祭祀场面最为恢宏。

在华胥陵附近地区分布着许多同华胥氏有关的遗址、遗迹:毓先桥、毓圣桥为华胥氏在妊娠伏羲和女娲时所走过的桥梁;华胥窑是华胥氏栖身之地;画卦台则是伏羲观测总结自然变化规律,创建八卦或称为形成《易经》雏形的地方。

同时在附近的不少村落也一定程度上保留着能够印证古华胥氏部落的遗址。像今华胥镇红河下游有娲氏村,而红河在史书上被称为女娲沟;白鹿原上李华村的原名就是女娲村;在孟岩村附近还有一个叫拾旗寨的村子,村中人大多相信自己就是古时祭祀仪仗队成员的后代。

华胥氏与华夏族

众所周知,中华民族的前身为华夏族,关于它的由来,尽管历来众说纷纭,多与华胥有关。但由于秦始皇的焚书坑儒,使华夏文化在长达550年的战乱后再遭浩劫。因此注重史料的司马迁在《史记》中把黄帝作为中华文明的始祖。结果华夏、中华的"华"字反而湮没于历史的尘埃中。

"华夏"一词最早见于《左传》襄公二十六年(公元前547):"楚失华夏。"唐孔颖达注释说:华夏就是中国。从字义上来讲,"华"字有美丽的含义,"夏"字有盛大的意义,连起来的确是个美好的词。"华夏"所指即为中原诸侯,也是汉族前身的称谓,所以"华夏"至今仍为中国的别称。

国学大师章太炎在考证中华之名时就曾指出华本来是国名,这个聪明的民族诞生于中国的西部地区,雍州、梁州是她们的发源地……雍州的范围,东南以华阴为边界;梁州地区,东北边界就在华山南边。因为境内有华山,所以他们的国名叫华,这就是华夏的来历。这是由历史地理的角度讨论中华之名。

“华胥古国”，包括渭河流域周围的广大地区。炎帝部落发源于陕西宝鸡的姜水流域，黄帝部落发源于姬水流域，都集中在渭河平原。其核心区域，在关中东部一带，即古书所称的“华胥之州”，简称“华州”。而古代胥、雅、夏等字是可以相互代替的，所以华胥应该就是“华夏”，“夏”为“人”，所以“华夏”很可能就是“来自于华胥国的人”。《尚书·禹贡》记载：华阳、黑水所在的地区就是梁州，所以华山之名也可能源于华胥。华夏民族的创世纪，即由此而开演。

还有专家学者认为，华夏应类似炎黄，源于实体，并非形容词。夏应源于中国历史上的第一个王朝，夏朝的名字。古时候，黄河流域一带的先民自称“华夏”，或简称“华”“夏”。华，意思是以纹饰为等级标志的礼服很精美；夏，是说礼仪多么丰富完善啊！华先于夏，与夏并称，故来源应相似。遍阅辞源、古典，华应该源于中华始祖伏羲的故土，华胥国之名。

排除神话与传说，从上述几种说法不难看出，有一个共同之处都与华胥氏有关，加之《蓝田县志》以及古书典籍《列子》均有对华胥氏族社会形态的描述，从多种典籍中有关于华胥国的记载上看，华胥氏可能真有其人，他（她）与中华民族有着不可割舍的历史渊源。由此可以得出这样的结论：中华之根源于华胥。

华胥与民俗

尊奉华胥氏为华夏之根、民族之母，彰显出了中华民族的同根、同源和血脉亲情，因而奠定了华胥陵不可替代的神圣历史地位，华胥陵是中华大地上一座古老而神秘的陵冢，是一个令全球华人向往祭奠的圣地。千百年来，每到农历二月二，当地都要在华胥陵举行祭祀活动，已经延绵成俗。

然而到了20世纪中期，由于人们对历史遗迹保护意识的淡薄和人为的破坏，保存情况令人十分担忧。目前不仅华胥陵已被蚕食得只剩下西端一个长 10 米左右的黄土台子，而且在陵的东边原有一座三皇庙，也拆得不见踪影。除此之外，还有陵东面那座传说华胥妊娠女娲伏羲时走过的桥梁，也早已不见踪迹。就连以前屡屡出现在《陕西省志》《蓝田县志》的三皇故里，现在也只能找出具体方位，其他遗迹已荡然无存。

保护华胥陵就是保护中华民族的母亲陵，就是保护中华文化的源头；有利于增进民族感情，增强民族凝聚力和向心力。在这一动力推动下，自 2006 年起，民间恢复了中断数十年的祭祀活动，如今每年农历二月来临，这里成为海内外中华儿女缅怀华夏始祖、弘扬民族文化，期冀中华民族伟大复兴的又一民族盛典。来自海内外的上万名华人聚集这里，祭拜这位中华民族的始祖母，为中华民族的伟大复兴和美好未来祈福。

如今，全球各地的华人不断地前来寻根问祖，祭拜我们共同的始祖华胥氏，渴望落叶归根，蕴含了炎黄子孙的内心回归，彰显了中华民族亲如一家的血肉之情！

华胥陵祭祀大典

穿越历史的村镇

长安咽喉

蓝桥镇

秦岭咽喉数蓝关，关中赖此入陕南。
韩愈排佛遭贬黜，王顺孝名世相传。

蓝桥镇地处关中东部，隶属陕西省西安市蓝田县，位于蓝田县城东南的秦岭腹地，与商洛市商州区牧户关镇相连，西邻辋川镇，北接普化镇，距蓝田县城27公里。西汉时因面对峣山，得名峣柳城，三国时魏在此设青泥军，北周时将青泥军改名青泥关，不久改名蓝关，关和军都是古代的军事单位。隋代将蓝关迁往商山路上的七盘岭，设有蓝桥驿。明、清为蓝桥镇，新中国成立初设蓝桥乡，2011年撤乡设镇延续至今。

三秦屏障　吴楚咽喉

蓝桥镇处于古长安连接荆楚之地商山路（又称武关道）上的咽喉要道，早在商周时已有雏形，既是长安防卫来自东南威胁的最后一道关隘，也是争夺天下，发兵东南必经的第一要塞，具有极其重要的军事战略意义。唐太宗李世民的儿子魏王李泰编写的《括地志》里说：蓝田关在雍州蓝田县东南九十里，即秦峣关。因此历代在长安建立王朝的统治者，无不把这里视为沟通秦岭南北，促进东西经济、文化、商贸交流和加强中央集权统治的枢纽。蓝桥镇在中国历史上留下了浓墨重彩的一笔。

所谓商山路即武关道，原本是春秋战国时，为了秦楚争夺战争的需要，以“武”字命名的关和道路，起自长安，经蓝田、商州至河南内乡、邓州之间道路的统称。蓝田关，是武关道上的第一关，战国时武关道上烽烟迭起，秦军曾在丹阳、蓝田两次战役中大败楚军。秦始皇统一六国后，大修以咸阳为中心辐射天下的道路系统，蓝关古道是当时通往东南荆楚一带的驰道上最接近咸阳的一段险道。从蓝田县城南

● 蓝关古道遗址

七里火烧寨村上峣山、登七盘，经乱石岔、蟒蛇湾、鸡头关、风门子、六郎关、十二等坡到古蓝桥，再由蓝桥经新店子、牧护关进入商洛，出武关到达秦岭东南各地，这就是蓝关古道的路线。在秦始皇五次出巡全国各地记载中，其中有两次经过武关道。

秦末汉初，刘邦领兵至丹水(今河南淅川老城)，破武关、战蓝田，兵至霸上，秦王子婴于轵道(今西安市东郊)旁抱印投降，秦朝统治自此灭亡。刘邦由汉中进攻三秦取得胜利后，立即命令大将薛欧、王吸，出武关攻河南，迎接太公和吕后。隋唐时，废除了自魏晋以来流行的按照家势门第等级选官的九品官人法，开始推行科举制度选拔人才，武关道至此又成为京城通往荆汉、江淮间的重要通道，诸多文士、官吏经由此道游学取仕或赴任，故有人称武关道为进入长安西进关陇的“功名路”，蓝桥镇也成为在学子心中具有象征意义的“龙门”。

在通往蓝桥镇的古道上，沿途每一处都流传着美丽的传说：相传蓝田县城东南的秦岭山上，有个七盘坡，坡顶有一座关隘，历来是兵家必争之地，这座关就是远近闻名的鸡头关。关北到处有蝎子，关南一个也没有，曾有好事者从关北逮蝎子带过关去，结果全都死了，这就是当地人说的“蝎子不过鸡头关”。

刘秀

汉光武帝刘秀在洛阳登基以后，亲领大兵西进关中消灭王莽，沿着蓝关古道把王莽赶上了七盘坡。因为西汉高祖刘邦曾经在做泗水亭长时，有一天醉酒后挥剑斩杀了一条巨蛇。蝎子精念起蛇、蝎同为毒类，便领着蝎群来给王莽助战。群蝎把关，螫得刘秀人马寸步难行，光武帝仰天长叹：“天哪！哎呀苍天！我刘秀追赶莽贼到此七盘坡顶，却遇蝎虫把关，蜇得我人马不能前行，这却如何是好！”说完，抽出宝剑，向路旁一块顽石问卜：“若汉室当兴，我刘秀有九五之位，当叫剑劈石开。”手起剑落，火迸石裂，声震九霄，光射云汉，惊动了

蓝关古道石碑

南天门司晨的金鸡。它用穿云破雾，详察晨昏的金睛向下界一看，原来大汉天子被蝎子精挡在七盘坡顶了，便急忙领着一群天鸡前来为刘秀助战。这群天鸡来到关前，金翅打、玉爪抓，钢铁般的尖嘴“梆梆梆”啄个不停。眨眼工夫，把遍地蝎子吃了个精精光光，连那个蝎子精也被天鸡撕成碎片，分而食之了。

由于金鸡私自下凡，被玉帝贬谪，罚它永守此关，不许返回天宫。天长日久，天鸡变成了石鸡，这座关就叫鸡头关了。因为那只石鸡现在还在关上，所以关北的蝎子一个也不敢过去了。

雪拥蓝关马不前

蓝桥作为当时古道中最重要的驿站，千百年来便成为秦岭深山中最负盛名的地方。白居易《蓝桥驿见元九诗》有“每到驿亭先下马，循墙绕柱觅君诗”就指的这里。北面是蓝田八景之一的“玉山并秀”，杜甫“蓝水远从千涧落，玉山高并两峰寒”的诗句便指此处；南面是蓝田八景之一的“蓝桥仙窟”，现叫碧天洞，也叫湘子洞，传说八仙之一的韩湘子曾经在此修道成仙。山清水秀的蓝桥自古被誉为人间仙境和世外桃源。明代李本固在《蓝桥道中》诗中说，这里青山绿水，鸟语花香。行走至蓝桥幽处，沉醉于美景之中，竟然忘记了自己是身在异乡。沿着312国道旁的山路爬上“牡护关隧道”顶端的山头，向四面眺望，山峦叠翠，林海茫茫，怪石嶙峋，奇景天成。就在距离牧护关东南5公里的秦岭之凹处，有座秦岭庙，这便是韩文公祠遗址，也就是韩愈当年写下了那首备受传诵的名作《左迁至蓝关示侄孙湘》的地方。祠前岩壁上的那棵蟠龙松，历经千年，依然青翠，笑迎游人，倾诉沧桑。

元和十四(819)年，宪宗皇帝派遣中使去陕西凤翔府岐阳县(今陕西扶风县)法门寺迎一块佛骨，韩愈看不惯这种劳民伤财的愚蠢行为，奋笔疾书写下了著名的《谏佛骨表》。对兴师动众、耗费巨资，掀起

韩愈

迎拜佛骨狂潮的宪宗加以劝诫。唐宪宗读后大为震怒，要对韩愈处以极刑。多亏裴度等众官员为韩愈求情，他才幸免一死，被贬为远离长安的广东潮州刺史。

当韩愈怀着极度沮丧的心情走到蓝关时，恰遇自己的侄孙韩湘，写下了那首备受传诵的名作《左迁至蓝关示侄孙湘》："一封朝奏九重天，夕贬潮州路八千。欲为圣明除弊事，肯将衰朽惜残年。云横秦岭家何在？雪拥蓝关马不前。知汝远来应有意，好收吾骨瘴江边。"

这首诗的意境雄浑沉郁，抒情大气磅礴，表达了老骥伏枥的壮志豪情，以及自己因忠心耿耿而获罪的

云横秦岭家何在

● 韩湘子神位

沉郁。诗中所提到的侄孙韩湘，在大雪封山的时候，竟然可以神通广大地赶到蓝关，与韩愈话别，使人印象深刻。这段故事后来被演绎成带有神话色彩的传说。

据《续修商志》载：距此数里远，有一山洞，洞深五六丈，石纹斑驳，壁彩陆离，似莲花宝盖。相传是当年八仙之一的韩湘子曾经在此修道成仙的地方。

韩湘即民间传说中的八仙之一韩湘子，从小由韩愈抚养长大，他天性恬淡寡欲，不喜求取功名，却专心修炼，潜心钻研道学。韩愈曾屡屡劝他要好好做学问，韩湘却答道："我所学与您所学是不同的。"韩愈因此发怒而斥责他。韩湘在二十岁去洛阳探亲的时候，在途中偶遇吕纯阳（吕洞宾，八仙之一）和钟离权（汉钟离，八仙之一）两位仙人，就放弃一切跟随他们学习仙道。如此消失二十年后忽然回到长安，这时的韩湘子已经成为拥有高深道术，能够预知未来的奇人了。

韩湘子想度化韩愈，但韩愈不信道学之事，于是他就先用法术来打动他。正好那年天大旱，皇帝命韩愈去南坛祈祷上天降雨雪。韩愈祈求多次，亦不见雨雪从天而降，因此面临着被罢官的危险。韩湘子装扮成一道士，在街头立了一招牌，上面写着："出卖雨雪。"有人见此，马上通报韩愈，韩愈即派人请他一起代为祈祷。只见道士登台作法，瞬间，天降鹅毛大雪。韩愈却不信这是道术使然，于是对道士说："这雪是我求来的，还是你求来的？"道士说："是我求来的。"韩愈说："有何凭据？"道士说："这雪三尺三寸厚。"韩愈派人一度量，果然如其所说，韩愈这才相信道术不同凡响。

还有一次，恰逢韩愈生日，韩湘子和亲朋好友们登门祝贺，韩愈便问韩湘子道:“你真的拥有造化自然的本事吗?”韩湘子笑而不答,只见他搬了一个空酒瓮到大厅上,再用金盆盖住。过了一会儿打开,竟是一坛香味四溢的美酒。接着他又在地上聚了一个小土堆,转眼间就钻出嫩芽、长出繁茂的绿叶,开出两朵碧绿的花,如牡丹大小,但色泽更加华丽。只见花上现出两行小小的金字:“云横秦岭家何在?雪拥蓝关马不前。”韩愈要他说说这两句诗的意思,韩湘子笑盈盈地说:“天机不可泄露也,日后自会应验。”在座的宾客看到这一幕时,无不啧啧称奇。

后来韩愈被贬为潮州刺史,往潮州路上碰到大雪封路,正在进退两难之时,忽然看见一个人影,沿着风雪而来,竟然是韩湘子。韩湘子问道:“您还记得那年花上的诗句吗?”韩愈茫然地问道:“这里是什么地方呀?”湘子回答:“这里就是蓝关呀!”韩愈这才记起当年“云横秦岭家何在?雪拥蓝关马不前”的诗句。沉默了许久,长叹道:“既然世间万事皆有定数,那我就补齐那花上的诗句吧!”于是就写了这首诗。

当晚韩愈与韩湘子到蓝关傅舍中借宿,韩愈这才相信湘子所说皆是真实的。这一夜,韩愈与韩湘子谈论着往来之事,修真的大道,韩愈心悦诚服。第二天,辞行之前,韩湘子取出一葫芦仙药,对韩愈说:“服一粒,可以御寒暑。”韩愈恍然大悟。韩湘子说:“你不久就会回来,不只是没病,还将再被朝廷重用。”韩愈问道:“我们后会有期吗?”韩湘子答道:“不知道。”于是飘然而去。后来韩湘子再度度化韩愈,韩愈终于也得道成仙。

王顺孝母名此山

很久以前,蓝桥玉山脚下住着一户姓王的人家,夫妻年过半百才生下一个宝贝儿子,取名王顺。一是希望儿子健健康康地长大成人,二是希望他以后能孝顺父母。

秋染王顺山

王顺的父亲，为了给儿子攒点钱财，风里来雨里去，起早贪黑地干活，农忙时下地，农闲时打柴。没过几年积劳成疾，不久就去世了，撇下王顺母子。王顺母子二人相依为命，艰难度日。王顺的娘是个要强的人，为了王顺，她下定决心绝不改嫁，把全部希望都寄托在王顺身上。她不但耕种仅有的几亩薄田，还鸡啼起，熬半夜，为人家纺麻织布、补旧缝新，挣些工钱。哪怕日子过得再紧，自己再苦再累，也不要小王顺受半点委屈。母亲吃杂面黑馍，给王顺吃白面馍；母亲喝稀的，给王顺吃稠的。冬天不让冻着，夏天不叫热着，她瞅着小王顺一天天长大，盼望着自己能过几天舒心日子。谁知这个王顺自小不成器，七岁时送进学堂，他不读书、不习字，整天上树掏鸟窝，下河抓鱼蛙；骂先生，打同学，非常调皮。有一回，先生生气打了王顺一顿板子，事后他便钻进茅厕，给先生尿壶底上钻了个眼儿，害得先生晚上把尿漏了一炕，盛怒之下干脆连学堂门也不让王顺登了。

不用上学的王顺无拘无束，如脱缰野马。他联络一群顽童，整日

王顺山国家森林公园

耍枪弄棒，争狠斗勇，践踏庄稼，毁坏瓜果，凌老欺弱，偷鸡摸狗，邻居隔三岔五找他娘告状。娘苦口婆心地劝说，他全当耳边风，听得烦了，他暴跳如雷，闯出去寻告状的人算账。慢慢地恶习难改，娘叫往东，他偏向西；娘叫打狗，他偏撵鸡。都是老来得子溺爱惹的祸啊！到王顺二十岁时，母亲悔恨交加，卧床不起了，王顺还在外浪荡。他娘流着泪悔恨自己没有教好儿子，再这样下去，这点家底早晚也要被他挥霍掉。有一天，娘求人把王顺叫到床边，流着泪对他说："儿啊！你看娘也快不行了，临死前求你一件事，千万记住，我死后，你把娘埋在玉山山顶，让为娘开开眼界。"话一落音，便气绝身亡了。王顺这时悲痛欲绝，悔恨自己以往不听娘话，把她气死了。娘临死说的话，他一定要听。

于是，他把母亲的遗体背上玉山山顶，可是山顶都是石头，连一抔黄土都找不到，王顺只得从山下挑土。挑啊挑，不知过了多少时日，挑了多少担，娘的尸体总是埋不严实。极度的疲劳与悔恨使王顺又痛哭了一场。心想："可能是我过去不听娘的话，对娘不孝，老天爷有意惩罚我吧！"便仰天长叹："我王顺甘愿受罚，我要用汗和眼泪洗刷自己的罪过。"

一天傍晚，王顺挑着一担黄土刚到山顶，突然"咔嚓"一声，肩上的扁担从中断开了，两筐黄土倒在地上，转眼间变成了两座耸立的山峰，娘的尸体被深深地埋在了底下。从此，王顺便在老娘墓旁结草为庐，为娘守坟。守坟三年后，他入玉山洞修行，最后羽化升天而去。唐朝大诗人白居易有诗赞道"昔有王氏子，羽化升上玄"，就指的这个故事，后人也将玉山改名为"王顺山"了。

至今灞河两岸还流传着"王顺山戴帽，风雨就到"的民谚，雨点洒落，人们便说：王顺又在哭他娘了。又有谚语："旱时见山灯，雨在眉梢中"，说王顺每当天旱无雨，便挑灯上山，为民祈雨去了。因此，每当天旱无雨时，人们晚上都要朝王顺山注视，寻找那盏灯笼。

现在，王顺山国家森林公园也成了身处都市之中的西安市民避暑休闲、寻幽探胜的绝景妙地。蓝水河畔的发展变化日新月异，一条条盘山公路沟通了秦岭南北，"雪拥蓝关马不前"的历史早已结束了，蓝关古道只作为历史遗迹供后人凭吊。唯有一段段美妙的民间故事一代代流传了下来，诉说着历史远去的背景，故事里的真善美流淌进一代代儿童的心田，传统美德在华夏儿女的骨子里一辈辈地传承着……

穿越历史的村镇

玉 种 蓝 田

玉山镇

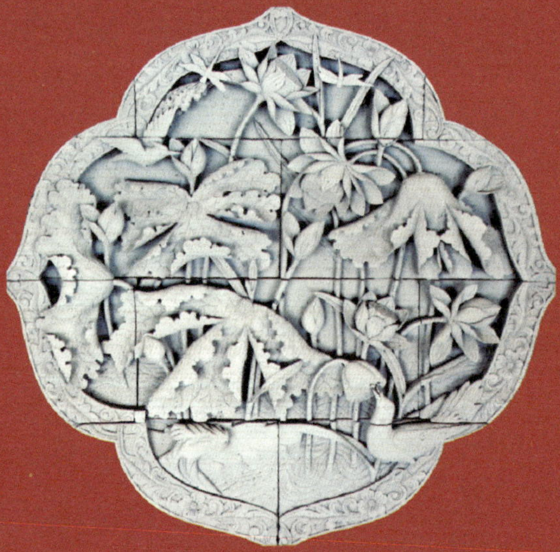

蓝田猿人生玉山，蓝田日暖玉生烟。
白鹊仙子怀怜悯，偷得仙方凉粉传。

玉山镇，位于蓝田县城以东 20 公里处。流峪河、倒勾峪河、峒峪河、清峪河、稠水河五河之水在此汇合，始成灞河。北周时期曾在这里设置玉山县，清朝开始设镇，因山中产玉，故名玉山镇。关中大儒牛兆濂的《玉山考》中记载："周割蓝田置玉山、白鹿二县""盖以山出美玉，故名玉山，固以名其县也。"

蓝田猿人

从玉山镇隔河向南便是蓝田猿人曾经的栖息地公王岭，1964 年在继陈家窝发现蓝田猿人化石后，又在公王岭发现了距今 115 万—110 万年前的中年女性头骨化石和一批古生物化石、旧石器等。旧石器有尖状器、砍砸器和刮削器等，器物以单面加工为主，手法极为粗糙。蓝田猿人在恶劣的自然环境中挣扎求存，他们捕猎野兽，采集果实、种子和块茎等为食物。

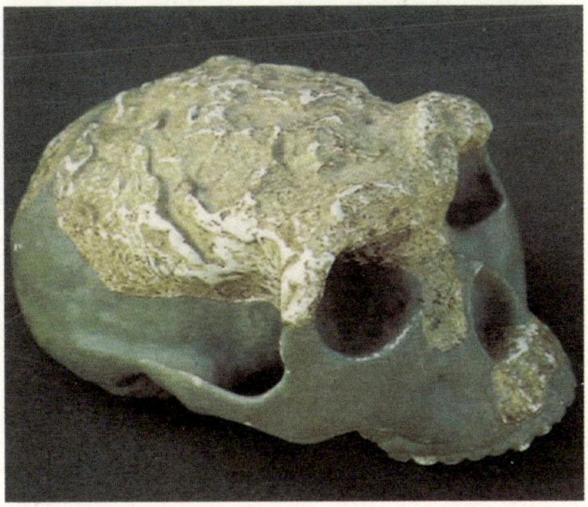

蓝田猿人头盖骨

蓝田猿人是已知亚洲北部最古老的直立人，属旧石器时代（从距今 260 万年延续到 1 万多年以前）早期人类。蓝田猿人的下颌骨与稍后出现的北京猿人下颌骨相似，但比北京猿人脑容量

● 蓝田猿人景区

小，为 780 毫升。与蓝田猿人化石同一层位还发现大量哺乳动物化石，例如剑齿虎、毛冠鹿、爪兽、大熊猫、剑齿象等 40 多种，有明显的南方动物群色彩。

蓝田猿人是继北京猿人之后，我国发现的最重要的人类化石。这一发现扩大了我国猿人的分布范围，丰富了人类物质文化记录，为研究人类起源提供了珍贵的科学资料。

● 蓝田猿人遗址

玉　　山

“蓝水远从千涧落，玉山高并两峰寒。”玉山是蓝田县城南一座天然屏障。从辋峪向东、流峪向西这一段古时称蓝田山，海拔2311米。秦时因为产玉，县城改名叫蓝田（注：玉之美者为蓝），山也更名叫玉山。玉山古镇历史悠久，留下了许多传说故事。相传秦朝时，玉山脚下村中一妇人去村旁桥下洗衣，发现搓衣石光滑剔亮，在阳光照射下熠熠生辉，无比绚丽，翠绿晶莹，于是惊呼，村人纷纷前来观赏。族长知道后，请工匠将其中之精华起出，献给了统一六国的秦始皇。秦始皇嬴政高兴万分，这块天赐的美玉应该是天命的象征，遂用此玉制

玉山镇外河流

成传国玉玺，命丞相李斯篆文“受命于天，既寿永昌”，代代相传。这村从此起名叫玉山村，桥叫“盖玉桥”。清咸丰年间，又采得玉石送到朝廷，慈禧太后用此玉给自己刻了一玉石大印“玉种蓝田”，玉山更是名声大噪。

玉种蓝田

蓝田玉早在和田玉出世以前，就誉满中华大地了。历代诗人吟咏蓝田美玉的佳句颇多，尤其是晚唐著名诗人李商隐在《锦瑟》诗中的“沧海月明珠有泪，蓝田日暖玉生烟”，不但赞美了遐迩闻名的蓝田玉，还隐含有关蓝田得名和地域特征的美丽传说。

“蓝田种玉”的故事出自《搜神记》。据说很早很早以前，有一个

玉种蓝田

小伙子叫杨仲毓（也称杨伯雍），不但勤劳善良，对父母的孝敬也名传百里。话说这年闹瘟疫，父母双双死去，杨仲毓直哭得天昏地暗，口眼出血。在乡亲的帮助下，仲毓按照二老的遗愿，在终南山一座山峰阳面掘石为坟，安葬了父母。从此仲毓于坟前搭草棚为家，为父母做伴守坟，一守就是两年！

这座山坡又高又陡，白石嶙嶙，是一座光秃秃的荒山，也没有潺潺的溪流，每日都要从山脚下的一眼水泉挑水，担一次水来回20多里山路，真是水比金贵啊！草棚前面不远处有一条盘山小路，这是通往终南山南面的必经之道，经常有过路的人来此讨水喝。心地善良的杨仲毓总是宁肯自己口渴得嗓子冒烟，也要尽量让过往行人喝上一口水，人们无不称赞这个小伙子是个善人！

那是一个夏季的中午，火红的太阳丝毫不顾及人们燥热难耐的感觉，高温笼罩着世间的一切，正午的树叶也蔫头呆脑地耷拉着，没有一丝精神，人间成了蒸笼。

这时，只见几个汗流浃背的人气喘吁吁地来到草棚前，簇拥着一个如花似玉的年轻女子要讨口水喝。杨仲毓已把仅有的一瓢水刚倒入锅里准备煮开做饭，见这些人口渴难忍的样子，心一软又把水倒回瓢里递到他们面前。那个小姐看杨仲毓口唇都干裂起来，一股感激之情油然而生，临走时含情脉脉地对仲毓说："相公施水之恩永生不忘，来日定当厚报！"仲毓见小姐贵为千金，却这般知书达理，虽然从此神驰情系，却因贵贱之别从来也未敢有丝毫的奢望！

又是一个酷夏之日，一个衣着褴褛、形容枯槁的老妪昏倒在离草棚不远的路边，杨仲毓立即想到了自己那年迈去世的老母，他把老人背回草棚，舀了一瓢水给老人喝，老人手一哆嗦，将水泼洒在地上。仲毓又舀了一瓢递给老人，老人接过水瓢未等到嘴边，手一发抖，连水瓢都跌翻在地上了！杨仲毓又把仅有的一点水，亲自送入老人口中。老人喝下水后，从腋下取出一个小袋给仲毓，说："这是美玉的种子，你把它们种在山坡上，日后定会遇到好事。"仲毓连忙问老妇高名上姓，家住何处，想送老妇人回家。老妇人说："我家住在胥渚的地方，女娲娘娘炼石头补好了破漏的天穹，补天剩下的就成了这五彩石。如果你能把它种在地上的话就会获得万世富贵，享不尽的荣华。”

话刚说完，就听见传来一阵丝竹佩环细乐之声，就看见一位身着五色丽装的女神早已驾起祥云冉冉而去！接着一阵香风吹入仲毓之耳：“吾乃圣母女娲神，你只管种下玉石，不要怀疑，不久便有佳音！”仲毓便于山坡白石上凿出许多石窝，把那些玉石种上，日夜担水浇灌，精心照料，经年不辍。

仲毓在这个终南山的要道上每日会遇到各种各样的过路客官前来讨水喝，有些人长期在外，行旅寂寞，也会给他讲些各地的奇闻逸事。当时听路人说陇西那边有一个在王宫做大官的褚大人，家有良田千顷，巨资万贯，仆人就有好几百；有一爱女名璆玉，聪慧过人，褚家夫妇视为掌上珠，对爱女的要求百依百顺。但璆玉自去年从岭南外婆家回来后，一直郁郁寡欢，愁眉不解。父母百般劝慰也无济于事。四方富豪显贵家的公子络绎不绝，前来求婚，但是璆玉一概不允。原来此女为去年在杨仲毓草棚借水之女，只因终日思念仲毓 ，情思难解，忽然夜有一梦：一女神对她道：“要见心上人，需有双璧聘。”她把梦中的话说给父母，因而一拨又一拨的富贵公子都因无玉璧作聘，尽皆被拒之门外。

这事终于传到了仲毓耳朵，而且知道此女便是他至今难忘的那个多情小姐！仲毓不由大喜，便来到种下玉子的山坡刨开石窝一看：下面果然出现了光彩四溢的各色玉块！遂掘出两块晶莹剔透的白玉，打磨成一对玉璧，兴致勃勃地来到褚府求婚。褚府门人看见仲毓一身布衣，傲慢得不予放入；璆玉闻知有持璧者求见，又惊又喜，出门一看：正是她终日思念的心上人！褚家见仲毓带着双璧，自然也无话可说，不久便为两个年轻人热热闹闹地办了婚事。

从此人们便把“玉种蓝田”作为美满婚姻的象征，而这个故事也一直流传至今。据说从那时起世间才有了美玉，那个种玉的山便被叫作玉山。同时也因为这个故事是关于美好姻缘的，所以，又把“玉种蓝田”作为美满婚姻的吉祥语，广泛出现在婚礼的对联或祝词之中。

蓝田玉与中华玉文化

中国人喜玉、爱玉，和玉有着不解之缘。在远古先民心目中，玉是具有灵性的，它除了可以沟通人与神外，还能保护人们，玉就是能够超越自然的载体。加之玉石自古入药，对于疗疾和保健具有极好的作用，一直处在一个至高无上的地位。因此上至帝王将相，下及民间百姓，都非常珍视，不仅用它进行装饰美化自身和环境，而且用它促进人体健康，发展形成了源远流长的具有中国特色的玉文化。

蓝田玉的名称初见于《汉书·地理志》，美玉产自"京北蓝田山"。其后，《后汉书·外戚传》《西京赋》《广雅》《水经注》和《元和郡县图志》等古书，都有蓝田产玉的记载。蓝田玉俗称"菜玉"，虽属软玉范

蓝田玉山

畴，却质地坚硬，具有色彩斑斓、光泽温润、纹理细密、一玉多色等特点。这种玉石古人常用于做装饰品。在现存的汉代玉器中，有两件极具代表性的蓝田玉雕制品：一件是在陕西汉武帝茂陵出土的嵌在古墓门上的四神纹玉铺首；另一件是故宫博物院藏的汉代玉佩。

● 蓝田玉雕

蓝田玉雕是陕西独有的一种汉族民间玉石工艺，始于秦汉，盛于隋唐，五代至宋蓝田玉加工日渐式微。汉唐时，蓝田玉生产加工主要是在玉山附近及周边地区，现在主要集中在玉川乡和红门寺乡一带。其中唐代蓝田玉种类繁多，涉及各个领域。主要有宫廷妃嫔、贵妇用的玉装饰品，达官显贵用蓝田玉制作的显示等级威严的玉带和用蓝田玉制作的乐器等。这些蓝田玉制品在制作中与汉代玉雕那种细若游丝的阴线刻大相径庭，采用一种假凸实凹的表现手法，给人以浅浮雕的艺术效果，为后代发达的浮雕、立雕技法奠定了基础。

用蓝田玉制成的玉器翠色晶莹，神韵顿生，有的如苍松翠柏、行云流水，有的似百鱼戏游，有的如牡丹怒放、翠竹挺拔，有的如熊猫噬竹、猛虎啸谷、丹鹤飞翔、百鸟朝凤，有的重墨泼洒，有的乳白如脂，有的绿如翡翠，有的淡黄似金。这些虚实相兼、神态各异的产品，使自然美中又增添了无限情趣，深受国内外消费者的青睐。蓝田玉雕2008年被列入西安市非物质文化遗产保护项目名录。

蓝田特色神仙粉

神仙粉是蓝田县一种很有名的小吃。颜色黑红色的，软嫩透明，吃到嘴里软软的，略带点苦，但是并无涩味，让人越吃越有味。神仙粉也叫叶叶凉粉，或者糜糜梢凉粉。为什么会叫糜糜梢凉粉？这其中有一段神奇的传说。

传说在很早的时候，华胥国三年大旱，六料无收，被饥饿折磨的人走投无路，出现了人吃人、狗吃狗的状况，一时间尸体遍地，哭声冲天，惨不忍睹。哀鸿遍野，搞得玉皇大帝心烦意乱，忙派四季公曹前去查看。

公曹们来到人间，并没有发现平民百姓有什么地方怠慢了上天。他们四位正准备回天庭，向玉帝交旨，突然看见风伯和雨师在南天门口正在争执什么。人常说："天上一日，地下一年。"天神一时的纠纷，却给凡间带来了巨大的灾难。四季公曹进到凌霄宝殿向上禀明，玉帝传旨处罚了风伯和雨师，并让他们戴罪立功。同时派白鹊仙子下凡，到民间救灾救难。

白鹊仙子来到人间，看见大地干旱，土地龟裂，遍地生烟，忙让风伯用微风帮雨师播撒细雨两夜三天。

雨过天晴，按理说应抢墒播种，但却不见农夫下田。白鹊仙子心生怀疑，又派遣地上诸神查问原因。灶君连忙禀道："上仙有所不知，人们饥饿难耐，有些饥民把留下的种子都快吃完了，哪还有力气种田？再说，种子下地，到收获季节最少也得半年，到那时恐怕人早都饿死了。当务之急，得先设法让人们活下去。"一听这话，白鹊仙子一下子为难了，于是自言自语道："该用什么让人们充饥活命呢？"山神在一旁插言道："白鹊大仙，我这山中有一种梢柴的新梢嫩叶，神农尝百草时，把它淀成粉，再用这种粉做凉粉可以吃，不过……"山神说到这儿停住了。白鹊仙子忙问："不过什么？"山神答道："做这种淀粉的方法记在

神仙粉

天书上，世上无人知晓，这秘密……”山神还没说完，白鹊仙子便高兴地喊：“这好办！这好办！我派禽王率领众飞禽跟你连夜入山采那种叶儿，给每家门口丢一片，好让人们拿着样儿入山去采。我立即回天界弄清淀粉做凉粉的秘密，偷偷传授给人们，你看怎么样？”山神忙说：“大仙乐于助人，小神自当效命。”

第二天一早，人们拿着从门前捡到的叶儿奔走相告，都说梦见白鹊仙子教人用树叶做食物的方子。有了活命的希望，男女老幼，忍饥饿，强挣扎，成群结队上山采叶。拿回家如法炮制，淀粉面、做凉粉。一方人从此得救。

人们为了报答白鹊仙子救命之恩，在玉山脚下修了座白鹊寺。岁月流逝，寺院都不复存在。但用山柴叶制作凉粉的秘密却一直流传下来。那种柴叶儿因此而得名叫“糜糜梢”，做成的凉粉便叫“神仙粉”。

另有一种说法：玉山以及天明山浅山区土坡上多生长一种有如筷子粗细、不到一米高的矮灌木，主干上长出互生的十多条枝丫，枝丫上密密地生出不对称的叶子，叶子如杏核般大小。枝干上下用刀割断，可将外皮抹下来形成一个圆筒状，放在嘴唇上压一压，轻轻一吹，会发出如羊叫的“咩”（当地咩与芈发音一致）声，所以当地人把这种管状的能够发声的东西叫作“芈儿”。因这种矮灌木能制作“芈儿”，所以，这种植物也叫作芈芈哨。用芈芈哨叶子制作的凉粉自然也叫作芈芈哨凉粉。

其实，除了糜糜梢的叶子能制作凉粉（神仙粉）以外，还有一种叫“软枣树”的叶子同样可以制作凉粉。其制作方法都是一样的。

制作神仙粉的原料糜糜梢树叶

穿越历史的村镇

豪门聚居地

韦杜二曲

韦曲杜曲曲曲有源，韦氏杜氏世世高门。
樊川景润二杜文章，青灯古寺佛号幽深。

韦、杜二曲是位于西安城南10公里处的两个古镇，汉唐时因韦氏、杜氏两大豪门家族聚居此地而得名，合称韦杜。

韦曲杜曲“曲”有源

韦曲杜曲都有一个“曲”，那“曲”字究竟是什么意思呢？

根据《汉书·宣帝纪》记载：西汉元康元年（公元前65）春天，汉宣帝为自己在长安城南修建杜陵，设立杜陵县，同时迁徙丞相、将军、列侯、吏两千石、赀（财产的意思）在百万以上的富商大贾到杜陵县定居，所以那一带都是达官贵人云集之处。唐代，大姓杜氏世居于此，曲水流觞饮以为乐，故名杜曲。

这年汉宣帝的老师韦贤和他的儿子——丞相韦玄成也于元康元年迁到漕水（今皂河）旁。杜陵原绿树成荫，翠竹丛生，河流环绕，景色优美。自周代以来，每年的三月初三为上巳节，兴祓禊盛会，汉宣帝时的丞相韦贤，汉元帝时的丞相韦玄成父子常招集其家族成员会聚漕水岸边，曲水流饮，相聚为乐，故将这里称为韦曲。

所以自古就有韦杜难分之说，一则都位于古樊川之中，少陵原南麓；潏河、漕水（今皂河）环绕其间，形成一个相对完整的地理区域。二则在唐以前，此处均为豪门权贵居住之所，民间固有“城南韦杜，去天尺五”之说，其意为：居住在这里的韦杜贵族，位高权重，接近皇帝。故将韦杜合二为一。

樊川位于西安市长安区少陵原与神禾原之间，西北起于韦曲镇塔坡，东南止于终南山北麓王莽乡江村，是一处长约 15 公里的平川。汉建都长安后在秦宜春苑基础上扩建上林苑，皇帝诸大臣游猎于原上。汉高祖赐舞阳侯樊哙的食邑（封地）于杜之樊乡，樊川由此得名。

少陵原又作少陵塬，是西安市城区东南方向的一块黄土沉积台地，位于浐河、潏河之间，位置在今西安市长安区杜陵乡、杜曲镇、大兆乡之间，汉代称鸿固原。

从汉代起这里就是长安达官贵人营建别墅之处，到了唐代更是私园别墅荟萃之地：韦杜两族世代贵族就聚居在这里。西晋镇南大将军杜预的后代，杜如晦一宗之杜氏家族和唐中宗韦后、鸾台侍郎同平章事韦安石一宗之韦氏家族都居住在樊川道上。见于唐代诗文的还有韦曲韦安石别业、韦中伯别墅，塔坡村何将军山林，申店李氏园亭和刘希古别墅，郑谷庄郑虔之居，韩店韩愈送子读书处，樊村牛僧孺郊居，以及郑驸马池台、岑参、郎士元、权德舆、元稹等人的别墅。这些别墅分布于樊川潏河两岸，倚原面水，拥有园池花亭，景色撩人。

杜甫、杜牧等诗人或生于此地，或居于此地，并留下了不少美丽的诗篇，杜牧并自谓“樊川翁”，又将其著作命名为《樊川集》。樊川美景四季各异，尤以春天最为美丽。阳春三月的樊川，杨柳吐绿，麦田如茵，桃花绽放，如霞似锦，令人迷醉，难怪诗圣杜甫吟道，“杜曲花光浓似酒，少陵春色苦于人”。

城南韦杜，去天尺五

韦氏家族本不是长安的原住民，西汉时从山东邹县迁来此地。其家族中第一个在长安历史舞台上崭露头角的，就是“邹鲁大儒”韦贤。韦氏家族在中国历史上非常显赫，是罕见的官宦世家和书香门第。汉代至唐代期间共有 17 人官拜宰相，其中 12 人出身科举，这些人大都是凭着硬本事考取功名，仅有5人靠门第做官。

杜氏家族是在西汉时期从河南南阳迁入长安定居。汉武帝修建茂陵时，著名酷吏张汤的幕僚杜周，因为够了入长安户籍标准，就举家从南阳迁往茂陵。杜周为人心狠手辣，审案严刑逼供，常搞“连坐”。而且办案根本不把法律放在眼里，只根据皇帝眼色行事，深得汉武帝赏识，从此官运亨通，一路升至副丞相。好在杜周的儿子杜延年没遗传父亲的性格，倒挺温和公正。后来杜延年在官场上几度大起大落，官职不逊其父，更成为辅佐两代皇帝的名臣。

杜家人一直爱好舞文弄墨，但西晋时也出了个“带笔从戎”的人物——杰出的军事家和史学家杜预。他博学而多谋，率兵打仗屡战屡胜，还爱研究《左传》，自号“左传癖”，他所撰写的《春秋左氏经传集解》，是流传后世的《左传》的最早注释本。

到了唐代，杜氏家族达到了最辉煌时期，有11人官至宰相，其中最著名者是杜如晦和杜佑。杜如晦与房玄龄忠心辅佐唐太宗，为创建“贞观之治”的政治局面立下了汗马功劳。而杜佑大宰相则在繁忙公务之余，还用30年时间著成《通典》200卷，这是中国第一部记述历代典章制度的通史巨著。

也许因为韦杜两家住得近，并且名气声望难分伯仲，人们总是将韦、杜并称。

唐亡后，韦杜家族开始衰落，除了韦震、韦说、杜晓等少数人在上层呆过外，大部分开始散落各地。五代后，韦家后人已名不见经传，唯宋张礼在《游城南记》中曾提及。至金元明清，有关“长安韦杜”的资料已遗失殆尽，两大家族已经完全淹没在平民之中。

韦曲杜曲的佛教名寺

隋唐期间，僧侣云集樊川，以兴教寺、华严寺、兴国寺、牛头寺、法幢寺(原名云栖寺)、禅经寺、洪福寺和观音寺这“樊川八大寺”最为繁盛,其在佛教中也有着举足轻重的地位。

八大寺由东南而西北,分别位于樊川左右的少陵原和神禾原畔,且两相对峙,面对终南山拱立,形势颇为壮观。历经千余年,至今除兴教寺保存较为完好,为中外闻名的佛教圣地外,其余有的废毁改观,有的已湮没无存。

兴教寺在少陵原,与之相对应南面的神禾原上是观音寺;

兴国寺在少陵原,与之相对应南面的神禾原上是洪福寺;

华严寺在少陵原,与之相对应南面的神禾原上是禅经寺;

牛头寺在少陵原,与之相对应南面的神禾原上是法幢寺。

前秦时期,前秦王苻坚迎当时佛教界领袖道安法师来到长安,并拜为国师,一时僧侣云集,长安逐渐成为佛教传播的中心。到了隋唐

华严寺双塔

兴教寺

期间，位于此地的牛头、华严、兴国、兴教、云栖、禅经、洪福、观音等寺院最为繁盛，号称“樊川八大寺”。

当时名冠一时的高僧来这里讲经论法，使佛教几大宗派在这里逐渐形成，其中华严宗、法相宗等影响至深。时至今日，每年海内外佛界诸高僧大德，追踪溯源之时，都不远万里来到这里，虔诚礼拜。

华严寺据《长安志》和《咸宁县志》记载：“寺院建于唐太宗贞观年间”，为中国佛教华严宗的发源之地。

华严寺由初建到以后数百年间，无高大殿堂建筑的记载，而只记有凿原为窟，以安置佛像及僧众居住，可以说是黄土高原上一座典型的窟洞寺院。因这里曾有华严宗初祖杜顺坐定身骨的墓塔、二祖智俨塔、三祖贤首塔、四祖澄观塔。因此被尊为中国佛教华严宗的祖庭。清乾隆年间，发生了少陵原崩塌事件，仅存砖塔两座，其余全毁。现留两座砖塔，东边一座为杜顺法师灵骨塔，西边为华严宗四祖清凉国师

● 玄奘

澄观灵骨塔。另存有唐大中六年(852)刻的《大唐华严寺杜顺和尚行记》碑(现存西安碑林博物馆)。

兴教寺又名“护国兴教寺”,是“樊川八大寺”之首,中国佛教八宗法相宗祖庭之一。

兴教寺是唐代著名翻译家、旅行家、佛教宗师玄奘法师长眠之地。玄奘从印度取经回国后,先后曾在长安城内洪福寺、大慈恩寺等处翻译出大量经典,同时组织法相唯识理论,创立了法相宗。因此佛教界尊兴教寺和大慈恩寺为法相宗祖庭。

唐麟德元年(664),玄奘圆寂后,先葬长安城浐河东岸白鹿原上。白鹿原地势很高,在皇宫内的含元殿就能看到。唐高宗十分敬重玄奘,每当看到白鹿原上玄奘的墓塔,都禁不住伤心落泪,连连哀叹:“朕失国宝矣。”高宗的皇后武则天心想长期这样下去必然有损高宗的身体健康,于是诏令将玄奘的遗骨于公元 669 年迁葬到远离长安城的少陵原上,同时修建了寺院,命名为“大唐护国兴教寺”。多年后唐肃宗李亨来此瞻仰,御题塔额曰“兴教”。寺院建成后,曾一度荒废。唐以后的千余年间,又屡遭兵燹,唯玄奘、窥基、圆测师徒三座灵塔保留完好,幸存至今。2014 年 6 月,兴教寺内的兴教寺塔作为“丝绸之路:长安—天山廊道路网”的一

● 玄奘灵塔

牛头禅寺

处遗产成功入选世界文化遗产名录。

牛头寺建于唐贞元十一年(795),又一说始建于唐贞观六年(632),宋太平兴国年间(976—983)改名为福昌寺,元祐元年(1086)复名牛头寺至今。牛头寺是佛教宗派牛头宗禅寺。第六代牛头宗祖师被唐代宗拜为国师,达到鼎盛时期。牛头宗旁出于三论宗。始于相传晋建武元年(317),为法融大师创建,因起创建地为在南京城南约15公里处的丘陵之间的牛头山而得名。

关于牛头寺何以得名,流传有一个有趣的故事。传说牛头寺的第一祖师遍照禅师,其道行高于净业寺的律宗创始人道宣律师。一天,遍照应道宣邀请赴宴,遍照知其有比高下之意,届时负一牛头前往赴会。道宣以礼相迎,并设宴招待,但菜肴未能及时做好,遍照一再催促,并说:菜即未妥,我负一菜,请试用之。遂将所负牛头置于案上,自己大嚼起来,道宣惊异。遍照吃罢,坚辞离去,道宣随后追至沣峪口外,见遍照正在峪右破腹洗肠,从而深知遍照禅师的道行高于自己。

从此，人们将遍照禅师称为“牛头师”，将其所创建的寺院称为“牛头寺”。

当时寺宇建筑宏丽，又有杏花坪、九龙潭诸名胜。武则天曾到此观赏过，并赋诗《游九龙潭》：“岩顶翔双凤，潭心游九龙，酒中浮竹叶，杯上写芙蓉。”把她自己置身于秀美环境中饮宴的雍容华贵情景，写得真切生动，令人神往。九龙潭泉水甘洌，千百年来取之不竭。据《咸宁长安两县续志》记载，清光绪二十六年，八国联军攻陷北京，慈禧太后挟光绪帝西逃驻跸西安时，每天派人取九龙潭泉水供其饮用。今寺前坪台下有“九龙潭”标志，仍有一小股清澈的泉水汩汩向下自流。

杜甫与杜牧

杜甫出身于京兆杜氏，他与唐代另一大诗人杜牧同为晋代大学者、名将杜预之后。不过两支脉系甚远，杜甫出自杜预次子杜耽，而杜

杜甫

● 杜牧

牧出自杜预少子杜尹。杜甫在长安居住十年之久，因远祖杜预本是长安人，曾一度居住在少陵原附近，其间常在杜曲周围，少陵原上下，访寻祖迹，并自称“少陵”“少陵布衣”“少陵野老”“杜陵野客”名号，诗集也以《少陵集》命名。

公元755年，在左相韦见素帮助下，杜甫得到一个八品官职，十一月从长安回奉先（今陕西蒲城县）探亲，震惊朝野的“安史之乱”爆发，沿途所见种种社会动乱苗头，无限忧愤，写下《自京赴奉先县咏怀八百字》长篇律诗，中有“朱门酒肉臭，路有冻死骨”的不朽名句。他的一生如同他的诗风一样沉郁苍凉而不失雄浑瑰丽，落霞满山的少陵原上，也许可以再现当年的长恨秋歌！

“新丰绿树起黄埃，数骑渔阳探使回。霓裳一曲千峰上，舞破中原始下来。”这首唐诗通过形象的白描，讲述了这样一个故事：“安史之乱”前，皇帝派使节所乘快马去探听安禄山虚实，由于被安禄山收买，竟报告说安禄山并无反意，皇帝便高枕无忧地在骊山上鼓乐饮宴，直至安的叛军攻破潼关才匆匆下山，逃往四川。它出自唐代著名诗人杜牧之手，表达了诗人含蓄中充满着愤慨的心情。

杜牧为唐丞相杜佑之孙，唐德宗贞元十九年（803）出生于樊川华严寺附近的瓜洲村，在这里度过了童年和少年的美好岁月，也孕育了他的樊川情结。虽然他从小聪慧，博通经史，才华横溢，但由于生活在一个由盛而衰的时代，26岁中进士后，被卷入了朋党之争的政治旋涡，因此一生动荡，除了在诗赋方面留下了巨大成就外，却始终未能像其祖父那样施展自己的政治才华。大中四年（850），他回到了阔别已久的家乡，重新整修了祖上的樊川别墅，并且闲暇之时经常在这里以文会友，自号"樊川居士"，故后世称"杜樊川"，著有《樊川文集》。两年后（852）的冬天带着遗憾病逝于此，葬于今长安大兆街道的司马村。

人面桃花桃溪堡

在距杜曲东南一公里有一个村子，背倚少陵原，面向樊川，村南村西则被潏河环绕，每到阳春三月，落英缤纷，沿村之小溪被桃花覆盖，只见桃花不见水，故谓之桃溪堡，也就是唐代诗人崔护诗中提及的城南庄。至今这里风景依然秀丽，是人们游览休闲的一个好去处。

据唐代孟棨人所著《本事诗》和宋代《太平广记》记载：唐代诗人崔护春游到城南桃溪堡，与一村姑产生了爱慕之情，约定来年春前来聘婚。次年是日，崔护来此村，时值该女随父上坟未归，便在柴门上留下"去年今日此门中，人面桃花相映红。人面不知何处去，桃花依旧笑春风"的诗句，后来成为唐诗名篇。姑娘归来见诗句十分悲切，遂昏厥不醒。数日后崔护复来定亲，见姑娘仍昏厥不醒便放声大哭，后将姑娘哭醒便结为夫妻，传为千古佳话。我们今天所看到许多传统戏曲剧目《金碗钗》《人面桃花》《借水赠钗》等讲的都是这件事。

清道光年间，杜曲桃溪堡财东卢玉贤在自家盖房时，从地下挖出一瓮黄金。卢玉贤思索再三，最终决定用这笔钱做一项长远而稳固的投资。于是他雇人将终南山采回的石头加工成长约1米的宽大石条，

张树德年画《人面桃花》

铺设到杜曲老街，道路两边还用石条做道沿，从此，杜曲老街雨雪天不再泥泞难行，而且排水通畅，同时，卢玉贤还购买、建造了许多沿街商铺，专门出租给前来开铺的外地人。杜曲老街经过卢玉贤的一番修整，吸引了许多商户来此开店，成为附近村镇中最为繁华的商业街。时至今日，在杜曲的老街上还可依稀找到一些大石条的痕迹。

何昌期与何家营的西安鼓乐

唐朝“安史之乱”时，大将军郭子仪曾驻兵滈水河两岸，与乱军三战三捷，收复都城长安。从而使得唐玄宗皇帝和肃宗皇帝父子重返帝都长安。当时郭子仪步将何昌期驻于神禾原畔潏水之滨，人们称为何将军营，后又谐音为何家营（今何家营村）。

何昌期，字伯唐，号阳严，唐天宝十四年（756）应征入郭子仪朔方军。在平定安禄山叛乱中战功卓著，被朝廷升为千牛卫上将军，封宁国伯。

唐贞元年初（785），何昌期解甲归田，退隐山林后，将此地修建为山林别业，安度晚年。他爱好广泛，除了喜读诗书外，还谙熟音律，爱好音乐，故杜甫在《陪郑广文游何将军山林》其中一首诗中赞其：“床上书连屋，阶前树拂云。将军不好武，稚子总能文。”

何昌期

由于“安史之乱”，大量的宫廷乐师流落民间，何昌期便把他们组织起来在自己的山林别业演奏。随着时间的流逝，这些乐师们经过和民间艺人的结合，进一步整理加工

● 何家营鼓乐社

何家营鼓乐不同于一般民间音乐，是以打击乐和吹奏乐混合演奏的大型乐种，具有大气、雄浑、高雅等特点。所使用的乐谱，依然是古代的半字谱，全系手抄，整个乐曲名称具有唐、宋、元、明、清各代曲牌，其演奏形式分行乐和坐乐两种，是中国古代音乐的“活化石”。

2006年，何家营鼓乐与周至县集贤鼓乐、西安城隍庙鼓乐、西安东仓鼓乐和西安大吉昌鼓乐等作为西安鼓乐被国务院收入第一批国家级非物质文化遗产名录，2009年又被联合国教科文组织列入人类非物质文化遗产代表作名录。

岁月更替，时光荏苒，昔日的豪门聚居地早已成为平民百姓安居乐业的家园。如今，韦、杜家族世居地韦曲、杜曲及临近一带，已找不到韦姓人家。就连韦曲镇原有村落分为东韦和西韦的两村竟无一户韦姓人家。其中东韦村现有居民则多姓田或姓孙；西韦村则以张、刘为主，乔姓次之。与韦曲毗邻的周围各村，也无一户韦姓人家；在杜曲也同样难以找到杜氏家族的后裔。近年在一些基建工地陆续发现和清理发掘了一批韦氏家族成员的墓葬，主要分布在韦曲北的凤栖原、东郊洪庆街道办所在的铜人原、白鹿原麓、郭杜镇等地。在西安附近各处韦氏家族墓地中，以凤栖原的规模最大，这里距韦氏家族的聚居中心也最近。随着一些墓葬的重见天日，期待在不久将解开长安韦杜谜团。

穿越历史的村镇

文化宝库

王曲镇

神禾原畔滈水边，风景俊美太后园。
王曲城隍纪信庙，柳青趣事满长安。

王曲之名传千年

长安区中南部的滈水和潏水之间，有一处景色如画的风水宝地，它背依神禾原，南望终南群峰，这就是王曲古镇。

王曲位于长安区中部，距西安市区约10公里。南有西安弥陀寺直通佛教圣地南五台山及正在建设的五台古镇，北接长安区中心及常宁新区，西面长安八水之一的滈水四季水流不断，“八水绕长安”中的潏水绕村而过。东靠张学良将军公馆和闻太师洞，周围更有风景秀丽幽深的青龙岭，岭内景色如画，是旅游度假的绝佳地点。周边人文历史悠久，有王莽追刘秀时的古村落藏驾庄、南江兆，以及陕西第一大地主的马厂郭氏庄园，常宁宫等。

虽然王曲与韦曲、杜曲的名字里都有一个曲字，但是王曲的得名却另有渊源。

王曲一名的来源，与汉代修御宿苑离宫有关。《汉书·哀帝本纪》记载有“王渠”，即汉武帝修筑离宫时，筑渠一条，人们称为王渠，是皇家宫苑区。到宋代亦称王渠，张礼《游城南记》记载，他和担行李的仆夫走失，就住在御宿川的王渠。后来因字音同，王渠就谐音为“王曲”，一直沿用至今。

神禾之名缘何来

神禾原是位于古樊川、御宿川之间的一块黄土沉积台地，呈东南—西北走向。它以皇甫乡为中心，从东南起江兆村向西北延伸至何家营。关于神禾原由来的传说虽然有很多种，但主流说法有三种。其一，说远古时炎帝神农氏治理天下，教稼百谷，有仙鹤衔谷穗降于此地，后人传称为神鹤原。其二，据《剧谈录》：晋天福六年生禾一穗，重六斤，故号为神禾原。其三，清代《咸宁县志》载：唐贞观元年，太宗皇帝出游原上，见禾生双穗曰：神禾。

在神禾原北堡寨与南堡寨之间有一凸起的坡地，以前当地人称为绝龙岭。传说商朝末年，周商大战时，姜子牙率兵将殷商大将闻太师

神禾原远眺

● 青(绝)龙岭地形

围困在此。当时，闻太师不听部下的劝告，没躲过应该避讳的“绝”字，最终在与姜太公的对决中命丧绝龙岭。后人哀其忠烈，在此崖壁上修建了用于祭祀的太师洞。听当地人讲：原太师洞顶有一棵古柏，古树虬枝皆向东北，对人透出一种强烈的震慑力。人们都说这种气势乃闻太师刚烈秉性所致，形成的一股参天倔气，化为此树。时至今日虽然太师洞依然存在，但洞顶古树已无踪影。

1936 年，张学良带着他的军队进驻了西安，在王曲城隍庙创办了王曲军官训练团。为了办公，急需在王曲城隍庙附近建个公馆，他亲自勘查周围，结果一眼看上了这里的风景，他问当地百姓：“这地方叫什么名字？”村民答：“绝龙岭。”张学良一听觉得这名字

● 青(绝)龙岭上张学良行宫

青(绝)龙岭 下面为传说的闻太师洞，上面为张学良行宫

实在太难听了，当即将其改为“青龙岭”，并沿用至今。

西安事变以后，胡宗南移驻西安，后又移居到青龙岭张公馆。并在王曲镇城隍庙旧址上建立中央陆军军官学校第七分校，即黄埔军校第七分校，又称王曲分校。当时为了解决用料，以拆毁许多古寺庙和砍伐古树木解决，神禾原两侧许多古寺庙均被损坏。当时当地有民谚曰：“黄埔军校，尽是胡闹。白天睡觉，黑夜拆庙。不要砖瓦，光要木料。生火做饭，打牌睡觉。”原址今为中国人民解放军西安通信学院。

神禾原上神秘的女墓主

王曲南部贾里村位于长安区，是长安著名大村。元代，贾、刘等姓分住不同方位，称贾家神禾里、刘家神禾里等，后简称为贾里。清代嘉庆年间编纂的《长安县志》里有“遇仙观在贾里村，元至正中建。”清代、民国初为贾里镇。

2004年7月，陕西省考古研究所为配合西安财经学院筹建新的校区，在王曲贾里村东边神禾西北部原头上进行基建前例行考古钻探时发现一座规模巨大的古代墓葬，吸引了全国考古学界和史学界学者的目光。

这座大墓中出土了众多的文物，尤其是堪称国宝的“天子驾六”车马实物的出土，更增加了它的厚重感、神秘感。经专家考证以及从史料推断得知，此墓为秦庄襄王的母亲夏太后（秦始皇祖母）的陵墓。

夏太后，原名夏姬，是秦始皇父亲秦庄襄王的生母。秦庄襄王原名异人，是安国君与夏姬所生。由于其母夏姬不受宠爱，其祖父秦昭王在位时，异人就作为人质被送往赵国邯郸。因秦国数次背弃盟约，多次进攻赵国，因此赵国人对异人很不礼遇。异人在邯郸生活十分窘迫，郁郁寡欢，日夜思念秦国故地。吕不韦在邯郸经商时，见过落魄的秦公子异人，以为“奇货”可居，决定在异人身上下一次赌注，进行政治投机。

于是他就前去拜访异人，对他说：“我能光大你的门庭。”异人笑着说：“你姑且先光大自己的门庭，然后再来光大我的门庭吧！”吕不韦说：“你不懂啊！我的门庭要等待你的门庭光大了才能光大。”异人心知吕不韦所言之意，就拉他坐在一起深谈。吕不韦说，“现在的秦王年龄已经大了，你父亲安国君被立为太子。现在你的兄弟有二十多人，你又排行中间，而且不受秦王宠爱，长期被留在诸侯国当人质，即使

秦始皇祖母陵考古现场

是秦王百年之后，安国君继位为王，你也不要指望你有能力和早晚都在秦王身边的其他兄弟们争太子之位。”异人说，“是这样，那我该怎么办呀？”吕不韦说，“你很贫窘，又客居在此，也拿不出什么来献给亲长，结交宾客。我私下听说你父亲安国君非常宠爱华阳夫人，而华阳夫人却没有儿子。我吕不韦虽然不富有，但愿意拿出千金来为你西去秦国游说，侍奉安国君和华阳夫人，让他们立你为太子。”异人于是叩头拜谢道，“如果实现了您的计划，我愿意分秦国的土地与您共享。”于是吕不韦拿出五百金送给异人，作为日常生活和交结宾客之用。

吕不韦拿出五百金买珍奇玩物西入咸阳，百般筹划，通过华阳夫人弟弟阳泉君及大姐巴结上了安国君的宠妃华阳夫人。他对华阳夫人说：“您现在年轻貌美，深得安国君宠幸，然而膝下无子，他日一旦年老色衰，必然失宠，那时您该依靠谁呢？”这一番话深深地触动了华阳

● “天子驾六”车马实物出土

夫人，紧接着，吕不韦又为在赵国为人质的异人说尽了好话。他说：“如今的秦王去世了，安国君以后必然会登基称王，那时他就会考虑太子的人选了。到那时那些生有儿子的后妃肯定盛气凌人，您的好日子也就到头了。异人长期在外备受冷落，肯定不会当选。如果您能在安国君面前力荐异人为太子，他肯定会对您感恩戴德，如果成功了，那您以后就会顺理成章地贵为太后。”加上吕不韦出手大方，三两下就使华阳夫人答应认异人为子。

吕不韦为异人争到了王位继承权后，就返回邯郸，终日与异人饮酒作乐，广交天下豪杰，专等秦国王位轮到异人来坐，好一展宏图。他还将和自己要好的一位能歌善舞的美貌姑娘让与异人为妻，史称“赵姬”。

后来吕不韦不惜重金买通了看守异人的赵国士卒，带着异人仓皇逃回秦国。由于事出紧急，连异人的夫人和儿子（即后来的秦始皇）都没来得及带走。异人回到秦国后，吕不韦让他穿楚服（囚徒的衣服）恭恭敬敬地去拜见华阳夫人。华阳夫人见了颇为喜欢，于是给异人改名为子楚，又撺掇安国君立异人为太子。

公元前 251 年，农历庚戌年，子楚的祖父在位 56 年的秦昭襄王病故，子楚的父亲安国君继位，称秦孝文王，册封华阳夫人为王后。不知是由于熬白了头才等到继位这一天兴奋所致，还是由于长期享受安乐，一旦临朝就被冗杂的政务所击倒，这个做了 50 多年太子的秦孝文王即位仅 3 天就死了，子楚就成了新的国君，号秦庄襄王，他继位后册封华阳夫人为太后，后来与秦孝文王合葬。而子楚的生母夏姬也被封为太后，只得另择陵园，葬于杜东。经过千年风雨的洗礼，纷争的岁月已经成了远去的历史。受宠的华阳夫人把声名留给了历史，而深受冷落的夏太后陵却走完了历史的低谷，再次呈现在世人面前。

此墓的规模堪称“中国第二大墓”，尤其堪称国宝的“天子驾六”车马文物的出土，更增加了神禾原历史的厚重感。

城隍——最早的城管

每年农历二月初八，是王曲最热闹的日子。这天，来自四面八方的人们潮水般地涌向城隍庙，前来祭祀十三省总城隍纪信，以求得城隍爷的庇佑。这种民俗活动已沿袭了两千多年。

王曲城隍庙会

王曲城隍庙会社火表演

城隍，又称城隍爷，是古代汉民族宗教文化中普遍崇祀的重要神祇之一，起源于古代的水（隍）庸（城）的祭祀。“城”原指挖土筑的高墙，“隍”原指没有水的护城壕。古人造城是为了保护城内百姓的安全，所以修了高大的城墙、城楼、城门以及壕城、护城河。他们认为与人们的生活、生产安全密切相关的事物，都有神在，于是城和隍被神化为城市的保护神。

纪信是刘邦麾下一员大将，史书记载纪信曾两次救刘邦脱险。一次是在鸿门宴上，听从张良的谋划，与樊哙等一起保护刘邦逃脱范增等设计杀害刘邦的险境，回到霸上。另一次是项羽围攻荥阳城，在城中粮绝兵竭的紧要关头，纪信挺身而出对刘邦说：“我的长相酷似汉王，愿替汉王守城来蒙骗项羽。”说完一把扯过刘邦的衣服穿在身上扮成刘邦，刘邦趁此逃出荥阳城。不久，项羽攻破荥阳城，发现上当，为解心头之恨，将纪信活活烧死。

刘邦建汉称帝后，不忘纪信当年的救命之恩，厚赏、追封纪信，并赐黄袍加身，择上林苑自己打猎休息之地（今王曲镇）修建大型庙堂并

● 王曲庙会上的斗乐活动

进行祭祀活动。

西汉文景时期，为了顺应民心、强化统治，遂将供奉的纪信封为城隍神。从此城隍神由自然神过渡到人神，纪信也成了城隍神鼻祖。

到唐代时，城隍祭祀蔚然成风，各州、县地方长官每年都会祭祀城隍。宋代，城隍神被列入祀典，很多城隍神获赐庙额或被封爵，城隍神纪信也一路高升，被封为“忠祐安汉公”。明时，城隍祭祀达到空前鼎盛时期，纪信被封为正三品“忠列侯”，为十三省总城隍神。

王曲城隍庙庙会已传承了两千多年，其祭祀礼仪在延承了千百年传统祭祀的章法外，还汲取民间风俗，具有浓厚的地方风俗和历史研究价值。2007 年，王曲城隍庙祭祀和庙会被陕西省政府列入第一批非物质文化遗产名录。

柳青趣闻传长安

柳青本名刘蕴华，字东园，陕西吴堡县寺沟村人，现代著名作家。曾任中国文联委员、中国作家协会理事、全国政协委员、中国作家协会西安分会副主席、政协陕西省委员会副主席等职。1952 年任陕西省长安县（今西安市长安区）副书记，并在长安县皇甫村落户达 14 年，他的小说大都以农村生活为题材，与赵树理、周立波、孙犁共誉为描写农村生活的“四大名旦”和“四杆铁笔”。

20世纪50年代，作为长安县县委副书记的柳青，扎根落户于皇甫村，以一名社员的身份，同村民一起同甘共苦，奔波于神禾原上下。这期间，柳青用自己的心血谱写了反映当时社会主义农村建设的优秀长篇小说《创业史》及《恨透铁》《皇甫村三年》等作品，作品热情地讴歌了农村的新气象，使得神禾原、蛤蟆滩引起世人的瞩目。

20 世纪 60 年代，柳青先后两次将《创业史》第一部的稿酬 16 065 元及预支的《创业史》第二部 5 500 元稿费，分别捐给王曲公社做工业基建费用和为皇甫村支付高压电线、电杆费用。

柳青是个“怪人”，一辈子爱花却又被花追得东躲西藏，这是因为柳青对花粉过敏。神禾原上的小麦、玉米、水稻、油菜等农作物开花季节来临，是他最难熬的日子。一旦触及，就哮喘到窒息。因此每到这个季节，他就躲在皇甫村家中，在这个草长莺飞、桃红柳绿的季节里用棉被将门窗堵得严严实实，就连屋檐下的椽眼也用报纸塞住，一个人在屋里过社会主义，在热蒸笼似的屋中读书、写作。当他实在在挥汗如雨的家里撑不下去时，才逃离神禾原，去一个没有花粉骚扰的地方。

20 世纪六七十年代是一个物质匮乏的时代，排队购物对生活在那时的人们来说实在是平常不过的事，人们拿着油票、糖票、布票，这票那票排队购买被限量的日常生活用品。柳青当年就是个热心掺和在老百姓排队之中的人。这里的老一辈人都记得这个鼻梁架近视眼镜、脑壳扣一顶瓜皮帽(长安一带上年龄的男人爱戴的老汉帽子)，一身当

柳青塑像

地农民土里土气对襟土布衫、宽裆裤打扮、爱排队挤热窝的人。人家排队买东西，他排队从不买东西，从队尾排到队头，周而复始乐此不疲。时间长了，售货员就嚷嚷他：“不买东西，你排啥队？神经病！”柳青听了嘿嘿一笑又排队尾去了。

一次，省上领导来长安检查工作，在政府大院怎么也找不见他。一打听，才听一位胆大的机关工作人员说——柳青不务正业，经常跑到乡下去和老百姓争着排队，排队又不买东西，会不会省上再没有干部，给长安派来个神经病？

省领导尽管熟知柳青脾性，还是被弄得莫名其妙。为了弄个水落石出，在长安县县委工作人员的指引下找到柳青，正赶上柳青从队头袖抄空手回到队尾，售货员正对着他的脊背大叫他吃饱撑的呢。

省领导一把将柳青从队伍中揪出，指着他的鼻尖大声嚷叫着刘蕴华。排队的当地老百姓与刚才骂柳青的售货员都愣了，接着都忍不住哈哈大笑了。呀，这个神经病就是咱长安县赫赫有名的县委副书记！

一时间，老百姓把省领导与柳青围了起来看稀奇。群众这么一掺和，省领导觉得当着这么多群众把这件事不弄明白，就没法给在现场的群众一个交代。当着群众的面，也顾不了许多，厉声责问柳青：“说，你不在政府办公室上班，又不买东西，你排的什么队？”

柳青一看自己被当地群众围得水泄不通，又被上级领导逼问着，一时无法脱身，无奈只得说：“我一天之中，从队头排到队尾，再从队尾排到队头，我虽然什么也没有买，但我能听到排队买东西的父老乡亲彼此倾诉他们生活的困难、农业生产的困难、党的政策落实情况的心声。我知道大伙的心声，也就知道我们的工作哪些没有做好，哪些还是空白，哪些地方做错了急须改正，下来做工作我就知道该做什么不该做什么，哪些问题可以缓缓，哪些问题急须解决了。请问，我坐在办公室里能听到老百姓的疾苦之声么？”

“文革”期间，柳青遭受残酷迫害，身体严重受损，于 1978 年病逝，遵照他生前留下的遗言葬于神禾原上。柳青墓坐落在今长安区王曲镇罗家弯村西，头枕神禾原，远望秦岭诸峰，近可俯视自己生活过的蛤蟆滩。每年清明节，总有人们来此纪念缅怀这位把毕生心血献给这块土地的老人。

穿越历史的村镇

关中名镇

郭杜镇

仓颉造字文明启，结草衔环恩情深。
穆王陵冢残阳里，香积寺里禅意沉。

郭杜镇，系长安八大古镇之一，位于今长安区西7公里处的毕原。根据郦道元《水经注·浐水篇图》，其范围内有汤杜亳国京城——杜京。明代时在此设镇，因其地在古杜京附近设镇，遂名古杜镇，后易名郭杜镇。清代西安府规定农村改乡为仓和廒，郭杜廒共辖27村，与今郭杜镇辖25村基本相同。然而在民间还有另一种说法：郭杜镇建于明万历年间，因镇南有郭家村，镇北有杜家堡，合称郭杜。1984年改为建制镇，即郭杜镇。

郭杜镇历史文化底蕴深厚，其中以中华文字之根仓颉造字台、周穆王陵、佛教净土宗香积寺等遗迹和"结草绊杜回""周处除三害"的故事最为著名。此外镇南4公里赤栏桥既是隋唐时期长安城在城南的主要引水工程永安渠一部分，也是城南名胜景区。唐代诗人温庭筠有"正是玉人断肠处，一江春水赤栏桥"。大居安和小居安村渊源于隋唐时长安县义阳乡布政里和华林乡居安里。安史之乱中，成为广平王、天下兵马大元帅李俶和副元帅郭子仪大战安守忠十万叛军之地。

仓颉造字台

在今郭杜街道办事处恭张村东南，有一高约10米、周长100米的夯土台，外包一层青砖砌为砖台。南面为一宽8米、45度的斜坡，有36级台阶，中间是3米多宽的水泥抹面，这就是相传的仓颉造字台。

● 仓颉造字台

据众多史籍记载:仓颉,原姓侯冈,名颉,号史皇氏,生于陕西省白水县杨武村鸟羽山,享年110岁,为轩辕黄帝左史官。是我国原始象形文字的创造者,我国官吏制度及姓氏的草创人之一。在远古时期没有文字,人们采用结绳记事的方法记录每一段时间所发生的事件。大事在绳上打一个大结,小事打一个小结,相连的事打一连环结,既麻烦,还不能记载复杂的事。随着社会生活的发展,发生的事件也越来越多,越来越复杂,这种以结绳记事的方式难以满足当时人们的需求。仓颉便辞官出游,遍访智者,寻求记事的好方法。

传说有一天,仓颉来到今长安区郭杜镇,仰观奎星环曲走势,俯瞰龟背纹理、鸟兽爪痕,抬头看山川形貌,低头观手掌指纹,从中受到启迪,于是拿树枝在地上画呀画呀,根据事物形状创造了象形文字,人类从此由蛮荒岁月转向文明生活。仓颉发明的文字在百姓中推广开后,从此,人们记事达意不再困难。

黄帝感他功绩过人,乃赐以"仓"姓,意为君上一人,人下一君。

仓颉造字的传说早在战国时期就已广泛流传。《荀子·解蔽》记载：上古时期创造文字的人很多，但是只有仓颉创造的文字流传了下来，而且经久不衰。《淮南子·本经训》也记载了仓颉造字的故事。相传仓颉创造成文字的那一天，举国欢腾，人神惊叹，功德感动上苍，玉皇大帝也赐给人间一场谷子雨，来慰问造字的功劳。仓颉也被尊为“造字圣人”。天上下起了粟米，鬼魂也半夜发出凄厉的哭泣。为什么天会下谷子呢？大概是有了文字，文明开化了，久后必有大恶之人出现，逆天行事，老百姓有一天会挨饿。那为什么会有鬼夜哭呢？因为有了文字，连鬼也再难以藏身潜形，画和文字都会使它显露原型，因此恐惧而痛哭不已。后人就把这天定为仓颉造字纪念日，称作“谷雨”。每逢这天都来祭拜字圣，千年来延续至今。

根据唐代《法苑珠林》的记载：“仓颉于此台上，增土造字，观鸟迹者。”中国汉字的发明，结束了结绳记事，是华夏文明的里程碑。唐中宗、武则天、唐睿宗曾来凭吊。

长安郭杜的造字台是隋代人们发现的古代文化遗迹，发掘的陶片上有许多文字符号，故筑土封存，尊为“仓颉造字台”。实际上仓颉造字台远在隋代以前，相传周穆王曾在终南山造中天台，在仓颉造字台筑神庙名曰“三会道场”，汉代以后佛教繁荣，改为三会寺。武则天时期，李峤和上官婉儿诗云：“古台仓颉里，新邑紫泉居。”“故台遗老识，残简圣皇求。”唐代著名诗人岑参在《题三会仓颉造字台》诗中曾咏叹说：“野寺荒台晚，寒天古木悲。空阶有鸟迹，犹似造书时。”

到清代，陕西巡抚毕沅在造字台前立石碑书《仓颉造字台》。清代的康有为等，民国时邵力子陪同蒋介石、张学良、杨虎城等到造字台凭吊、参观。新中国成立后，历史学家郭沫若先生，曾为造字台题词勒石。

正如著名文学家余光中先生说的：“只要仓颉的灵感不灭，美丽的中文不老，那形象，那磁石一般的向心力当必然长在。”残存的仓颉造字台虽然被冷落了，但是由方块汉字凝铸成的中华情却坚强如山，深沉似海……

残阳掩照穆王陵

站在仓颉造字台上，可以望见西边百余米处有一座土冢，那就是周穆王的陵墓。它位于恭张村村南，东西最长边约 18 米，南北最长边约 35 米，高 8 米。由于长期被取土，南、东、北三面已破坏严重，变得很不规则。从其轮廓上还能大致看出夯土呈覆斗形，这就是传说中的周穆王陵。

周穆王，姬姓，名满，周昭王之子，周朝第五代君王，在位 55 年。从史书上看，周穆王不仅是一位政治家、军事家，还是一位爱好旅游、儿女情长而又完全懂得国家利益高于一切的明君。曾因游牧民族戎狄不向周朝进贡，两征戎狄，俘虏其五个首领，并把部分戎狄人迁到大原（今甘肃镇原一带）。但最为人熟知的还是他驾驭赤骥、盗骊、白义、逾轮、山子、渠黄、华骝、绿耳八匹骏马前往昆仑山与西王母相会的故事。

西王母是我国古代神话传说中比较特别的人物，传说她居住在昆仑之丘、瑶池之滨。《山海经》说她“其状如人，豹尾虎齿而善啸，蓬发戴胜，是司天之厉及五残”，与三只青鸟为伴。演化至今，西王母成为众所周知的王母娘娘。

据《穆天子传》记载，大约在穆天子即位 13 年时，周穆王率领大批随从，带着大量金银玉器、丝绸和手工艺品，由驭手造父赶着八匹骏马拉的大车，浩浩荡荡地从长安镐京出发，周游天下。他们东渡黄河，直达阴山，绕过河套，登上昆仑。历经陕西、河南、山西、内蒙古、宁夏、甘肃、青海、新疆，然后跨过昆仑山直达中亚、西亚，可谓壮举！

周穆王西游时，在其他地方，都是别人先给他进贡，然后他才居高临下地赐给金银珠宝。但到了西王母之邦，周穆王先献上白色贵重器具和黑色珍稀美玉，西王母欣喜地在瑶池宴请这位美男子。两人推杯换盏，欢声笑语。情浓时，西王母深情地唱道：“白云在天，山陵自出，道里悠远，山川间之，将子无死，尚能复来？”意思是西周镐京离昆仑山山高水长，道路艰险，今生还有机会重逢吗？

面对这般深情厚义，周穆王哪能驳美女的面子，立即对唱道：“予归东土，和治诸夏，万民平均，吾顾见汝，比及三年，将复而野。”大意是，等我回去将国家治理好，再与你约会，这大概需要三年。

临别时，西王母向周穆王赠送了原产西亚的小麦种子，从此，小麦作为王室专用的粮食在渭河流域开始种植。直到西汉时，才开始从渭河流域推广到黄河流域大面积种植，成为我们今天最主要的粮食作物。为表谢意，周穆王在瑶池西边的山上种了一棵槐树，在旁边岩石上刻了五个大字“西王母之山”。

关于周穆王陵，当地还有多个神秘的传说。其中一个涉及外村的“冢疙瘩”。大仁村传为周宣王时北伐猃狁的大将尹吉甫的墓所在地。古书尹音近仁，因而得名“冢仁村”，现在叫大仁村，分东西两村。村外也有大冢，传为文武周公陵，和恭张村的冢南北正对着。传说冢仁村

周穆王陵墓

不敢开村庄的北城门，不然两个冢见了面，他们那个冢就往大长。传说清代咸丰年间，村中一李姓富有人家给儿子娶媳妇，为了摆阔气，不顾村里老人劝阻，打开了北城门，结果一夜之间村里的大冢向北移了一丈多。那个富人右胳膊当下弯曲，从此无法做农活，儿媳三年未能生育。

据当地人讲：这个冢原比三层楼还高，有 10 米高，仁东、仁西以冢为界限。在人民公社时期，东西两村各从自己一方往冢里掏窑，仁东当饲养室，仁西村当仓库。20 世纪 70 年代下连阴雨，冢出现塌陷，饲养室正好没有干土，人铲土垫圈，就这样把冢平了。

结草报恩绊杜回

杜回是春秋时期秦国有名的大力士，生得巨齿獠牙，两眼冒光，一头鬈发，身长一丈有余。力举千钧，惯使一柄开山大斧，重 120 斤。曾一日拳打五虎，剥皮抽筋以归。又以 300 人破贼寇万余，威名大震，被秦桓公拜为大将。

《左传》宣公十五年讲述了一个“结草绊杜回”（或称“结草坑回”）的故事：春秋时，当时的晋国盛行夫死妻妾殉葬的制度。据说魏武子得病的时候，让儿子魏颗在他死后，让他的一个爱妾改嫁。但是病重快死时，又要魏颗将这个妾杀死，为自己殉葬。魏武子死后，魏颗让这个妾改嫁了。有人就说魏颗，为什么不听父亲的话。他说：“人在病重的时候思维就混乱了，应该听从他清醒时说的话。”这就是所谓的“不从乱命”。

秦桓公十年（前 594），杜回奉命与晋国大将魏颗和魏锜兄弟二人在晋国辅氏（今陕西大荔县）交战，即历史上的秦晋辅氏之战。杜回手执大斧，领三百兵勇，大踏步卷入晋阵。下砍马足，上劈甲将。晋兵从未见此凶狠，遮拦不住，大败而归。魏颗扎下营垒，一连三日，不敢出战。

一天晚上，魏颗秉烛闷坐在军帐中，左思右想，没有退敌良策。三更时分，迷迷糊糊地睡着了，耳边好像有人隐隐约约地说“青草坡”三字。惊醒后搞不清梦中的事究竟是什么意思。就继续睡了，结果又做了同样的梦。他就问弟弟魏锜，这是什么意思。魏锜想了想说：“离这里向东十里的地方，有个大坡，名为青草坡，或许梦中之事预见到秦军就会在那个地方被我军打败。我先引一队人马在那里埋伏，兄长引诱敌军到这里来，然后我们左右夹击，就可以取胜。”

第二天，魏颗传令：拔寨而起，并扬言要班师了。杜回果然来追，魏颗稍稍斗了几个回合，拨转马头驱动战车就走，杜回在后边紧追不舍，渐渐被引到青草坡来。

魏颗在青草坡设伏将杜回诱至此地，展开大战。魏锜的伏兵也从侧面杀出，正在难分难解之际，杜回忽然一步一跌。魏颗突然看见一个老头把满坡的青草都绾结在一起，绊住了杜回的足，使秦国大力士

杜回村牌楼

杜回施展不开，摔倒在地，当场被魏颗所俘，魏颗遂大败秦师。细问缘由，原来老者系魏颗之父魏武子的遗妾之父，为报答魏颗许其女儿再嫁的恩德，遂用"结草"做绳绊杜回脚，以报恩于魏颗。后来，"结草"成为"受恩深重""义气"的同义词，"结草绊杜回"也成为报不杀之恩的成语。李密《陈情表》有"臣生当陨首，死当结草"之句。

杜回死后，被葬于今镇南两公里处。清嘉庆《长安县志》记为杜回村，并记有杜回墓。"文革"中杜回墓被平毁掉。

杜回村村口

改过自新晋周处

郭杜镇东南4公里有一村——周家庄，村系西晋周处墓的守墓人繁衍发展而成村，现村中以刘、苗二姓居多。周家庄原有一大冢，为西晋将军周处墓，尊称三害冢。

三害冢，位于周家庄南村的西南方向，与东边的香积寺隔水相望，这里山环水绕，河谷纵横，古木参天。天万里无云的时候，站在周家庄南村向南远眺，高峻莽苍的原野，像一道山峦巍然挺立。据当地老人说，新中国成立前这里芦苇遍野，杂草丛生，有令人胆战心惊、谈之色变的老虎崖、狼窝口等险境。

周处，字子隐，义兴阳羡（今江苏宜兴）人。相传周处少年时不务正业，常欺凌乡里，当时南山有猛兽伤人，河中有蛟龙为患，乡亲父老把他们并称为"三害"，三害当中周处最为厉害。有一天，周处见一老人一边咳嗽一边放声哭泣，声泪俱下。周处便上前去问何故，老人答曰："三害不除，民无安日。"周问三害都是什么？老人大着胆子告诉他说："南山虎、河中蛟、周处。"周处闻听此言很受震动，于是决心改恶从善。

马企周绘《周处斩蛟》

周处立即杀死了白额虎，又下河斩杀蛟龙。蛟龙在水里有时浮起，有时沉没，周处与蛟龙一起浮沉了几十里远。经过了三天三夜，当地的百姓们都认为周处已经死了，互相庆祝。

周处最终杀死了蛟龙上了岸。他听说乡里人以为自己已死，而对此庆贺的事情，才知道大家实际上也把自己当作一大祸害，因此也有了悔改的心意。于是到吴郡去找陆机和陆云。当时陆机不在，只见到了陆云，他就把全部情况告诉了陆云，并说自己想要改正错误，提高修养。可又担心自己年岁太大，最终不会有什么成就。陆云说："古人珍视道义，认为'早晨听闻了圣贤之道，即使晚上死了也不算虚度此生了'，况且你的前途还是有希望的，并且人就害怕立不下志向，只要能立志，又何必担忧好名声不能显露呢？"周处听后就改过自新，成为西晋御史中丞、大将军。为官期间，纠劾违法，不畏权贵，堪称忠臣。

西晋元康六年（296），关中发生了大饥荒，疾疫流行。秋八月，处于秦、雍二州的氐、羌民众纷起响应，拥立齐万年为首领，齐万年于是称帝。他拥兵七万（一说有众数十万），围攻泾阳（今甘肃平凉西北），并威慑关中。十一月，晋廷派安西将军夏侯骏、建威将军周处征讨，受梁王司马肜节制。齐万年屯兵梁山（今陕西乾县西北），梁王与周处有宿怨，故意命令周处率领五千兵前去迎战，而且断掉了周处的归路。周处被齐万年大军包围，在长安西之梁山战死，家人将他安葬于此。为表彰他勇于改过的美德，人们尊称此墓为"三害冢"。《晋书·周处传》记载，西晋王朝在原籍赐给他墓地。1986 年，在其原籍今宜兴郊区发掘的墓地系衣冠冢，也有人说是"剑甲墓"。内有铝合金饰，轰动一时。此"三害冢"当为周处遗体墓。

周处在历史上被看作是弃恶从善、改过自新的楷模，激励了一代又一代人，时至今日，仍然为人们所津津乐道。可惜的是，周处墓于 1972 年"土地大平整"中被毁。

香 积 寺

"不知香积寺，数里入云峰。古木无人径，深山何处钟。泉声咽危石，日色冷青松，薄暮空潭曲，安禅制毒龙。"香积寺位于西安市西南约 17 公里的神禾原，南临滈水，西傍潏水，是中国佛教净土宗祖庭，吸引着国内外的游人居士、高僧大德的顶礼膜拜。寺内古树挺立，草色清秀，环境幽深，小径静谧，闲淡雅致，处处表现出佛家的清修观念。可谓：幽而不僻，静而不寂。站在古塔前，仰望着千年古塔，聆听着诵经清音，几缕清香，几声角铃，清幽之极。

关于香积寺名的来源有两种说法。第一种说法，当年建寺于隋代的香积堰的东北。隋开皇三年(583)，在神禾原下滈水和潏水交汇处，修建香积堰，逼水上原(今郭杜镇地区及雁塔区丈八沟等地)，引入长安城内，称清明渠，唐时改为永安渠。故命名寺为“香积寺”。另一种说法，源于佛经“天竺有众香之国，佛名香积”之句。取名香积寺，意把善导比作香积佛。千百年以来，在人们的心中以善导大师为香积佛。

香积寺牌楼

唐高宗永隆二年(681),净土宗创始人之一善导大师圆寂,弟子怀恽为纪念善导功德,修建了香积寺和善导大师供养塔,使香积寺成为中国佛教净土宗正式创立后的第一个道场。香积寺的善导塔,亦称善导舍利塔,或称善导灵塔。原来为13层,高33米,四周呈正方形,每边长95米,以砖砌成,密檐式仿木结构,外观奇古秀丽,塔门额上嵌有砖刻"涅槃盛事"四字。历经1300年之风雨侵蚀及地震、兵燹之灾,塔身遍体鳞伤,现仅存12层,高31米,是寺内最著名的建筑。

香积寺前殿

香积寺善导塔

千百年间，几度风霜，几经劫难，几多沧桑。宋太宗赵光义太平兴国三年一度改寺名为开利寺，不久仍恢复原名至今，原先建筑在历代地震和战争的影响下，已荡然无存。除善导塔外，现尚存清代修建的大和殿、金刚殿、僧房各三间和几座小塔。

近年来，随着西安一批大学新校区的南移，郭杜镇的区位优势更加突出，加之基础设施建设和环境建设进一步完善，一个新兴的经济发展带已初步形成。

香积寺大雄宝殿

穿越历史的村镇

牛郎织女发源地

斗门古镇

汉武练兵昆明池，游兴突发刻石人。
牛郎织女潭中现，民间乞巧民俗淳。

“王母娘娘云中坐，手持金簪划天河。牛郎织女河边站，盼望七夕喜鹊多。”这是在长安区斗门镇流传很久的一首童谣，从中可以得知，这跟中国流传已久的《牛郎织女》的神话传说有关。

斗门镇位于周代镐京遗址之上，西临秀丽的沣河，南依终南峻岭，北接秦阿房宫遗址，东距西安市中心20多公里。公元前120年，汉武帝为征讨南方诸国操演水兵而开凿了昆明池，为沟通昆明池与沣河水道而设调节闸——斗门，因此而得其名。

昆明池的变迁

在斗门镇有两尊被民间尊称为“石爷”“石婆”的汉代花岗岩石刻雕像，距今已有2 100多年的历史，是我国现存最早的大型石刻艺术。“石爷”即牛郎像，高258厘米，右手置胸前，左手贴腹，身体呈跪状，上身微微向左扭转，大眼阔鼻，表情朴实憨厚；“石婆”即织女像，高228厘米，上身微微向右扭转，做拢袖罢织的姿势，表情忧郁。他们相互遥望，仿佛默默地诉说着相思之苦。

石婆像

关于它的来历，据《汉书·武帝纪》记载，汉武帝时，西南昆明国（今云南昆明一带）不来大汉朝拜，而且阻止周围越西（今属四川越

石爷像

西县境内)国等其他小国向汉武帝进贡。元狩三年(公元前120),汉武帝为讨伐西南诸国,在长安斗门沣河东岸西周灵沼的基础上挖凿周长40里,面积332顷的昆明池训练水军。

实际上,开挖昆明池还有另外的目的,它既可做上林苑内的主要游乐区,同时又可成为京城长安的主要水源地,这也是汉武帝为改善当时长安城市环境所做的重要贡献之一。

据《史记·平准书》记载,当时昆明池岸边,修建了许多离宫别馆,雕梁画栋,金碧辉煌,林村掩映,风景十分迷人,让人浮想联翩。

汉武帝乘坐的龙舟游弋在浩荡雄浑的波光水色中,沿岸富丽堂皇的琼楼玉阁,令人心旷神怡。汉武帝刘彻龙颜大悦,又下诏修建了一座高达数十米的柏梁台,供他求神祈仙,宴饮赏玩。有一次,汉武帝游兴大发,令人雕琢了牛郎和织女两个巨大的石人(现斗门镇人称"石爷""石婆")分立两岸,隔湖相望,将昆明池作为天上银河的象征。班固《西都赋》有句:"临乎昆明之池,左牵牛而右织女,似云汉之无涯。"明确指出在昆明湖畔的左右两侧分别塑有牵牛的牛郎和织女像,他们已从天上来到人间,被远远地隔离在湖的两边。

从那时起,原本是银河系的两颗星辰,开始逐渐演变为神话传说,并经过千百年流传,形成了一个妇孺皆知、优美动人的民间神话故事——《牛郎织女》,从而跻身于中国古代"四大爱情传说"(其他三个是《孟姜女》《梁山伯与祝英台》和《白蛇传》)之列,其中《牛郎织女》影响最大,在中华大地广为流传。

唐王朝建都长安后,昆明池的功用又一次得到利用。唐高祖李渊和唐太宗李世民曾多次临幸昆明池,以观水军操练。尤其是贞观五年(631)正月癸酉,唐太宗李世民在昆明池畔围猎时,留下了《冬日临昆明池》诗一首:"石鲸分玉溜,劫烬隐平沙。柳影冰无叶,梅心冻有花。寒野凝朝雾,霜天散夕霞。欢情犹未极,落景遽西斜。"

● 石婆庙

此后唐代统治者又多次浚修昆明池，水域扩大加之又在岸边修建了壮观的宫殿和新的馆舍等，使之景色比汉代更加迷人。烟波浩渺，水天一色，云蒸霞蔚，游人如织，成为当时长安城最吸引人的游览胜地。昆明池如诗如画的景色，吸引着长安城的达官贵人、墨客骚人络绎不绝，前来领略昆明池的无穷神韵。

唐贞元 14 年（798）在昆明池右（今斗门镇南沣村）设置石婆庙，供人祭拜，千百年来香火一直很盛，这也是我国最早的祭祀牛郎织女的庙宇。从石婆庙向西南约 4 里的地方还有一座面积约 5 平方米的小庙为石爷庙。

据当地人讲：石婆、石爷原本是在一起生活，由于石爷爱尿床，还把炕冲了条小渠，气得石婆踹了石爷一脚，可谁知不小心，用力过大，石爷被踹出 4 里之远的河对岸，从此后石婆与石爷分离，只能默默对视。如今在石婆庙里还能见到一块 3 米见方大石头，石面上有条像水冲的小渠。传说为当年石爷尿床所留下的痕迹。

有趣的是石婆庙和石爷庙塑像是反的，即石爷庙内的石刻是女身，而石婆庙内的石刻是男身，之所以会弄错，因为当年汉武帝根据天象开凿昆明池，就是说与天象一一对应，因此天上的牛郎居河西、织女居河东，在地上就变成了“牛郎居河东、织女居河西”。当地百姓理所当然地将河东当作织女栖身之所，这便是为何“石婆像男人，石爷像女人”。另外还有一种说法：因为石刻太过写意，当地村民误把石爷当成了石婆。

随着唐王朝走向衰落，战乱的影响，昆明池逐渐石塌堰废而干涸，自宋以后，使用了长达950多年的昆明池，水枯见废，而湮为民田。

牛郎织女的发展演变

牛郎织女故事其实源于人们对自然的崇拜，反映了农耕时代人们对美好生活的向往和追求，是从天象和自然景观演义而来的。在生产过程中，人们往往需要通过对天象观察，来安排相应的生产活动。

我国最早的天文历法著作《夏小正》记载：七月，“汉案户，初昏，织女正东乡”，意指织女星只要初昏时在正东方向出现，就标志着进入了秋季月序，首次出现的时间是七月初一。上古时期，每年初秋，也就是七月的时候，织女星正好升到了人们头顶的天空，因此，人们只要看到明亮的织女星到了头顶，就知道秋天到了，所以织女星实际上是秋天到来的标志。此时正是妇女夜以继日纺线织布的时候。八月仲秋之月，饲养的牛、羊等牧畜体格渐丰，可以作为祭祀之物。此时明亮的织女星已经离开头顶向西滑落，而银河东岸与其相对的另一颗星则随后升上天顶，被视为牺牲之月的标志，并被顺理成章地命名为牵牛。《史记·天官书》云：“牵牛为牺牲。”此时的黄昏时分，正是基于对星宿的神化与人格化，结合农耕生活经历了一个漫长的演变过程，才产生了牛郎织女的神话故事。

牛郎织女(任率英工笔画)

《诗经·小雅·大东》中有“跂彼织女，终日七襄……睆彼牵牛，不以服箱”的诗句，虽然这是有关牛郎织女传说最早的文字记录，但从中我们可以得知，当时的织女并不是我们今天心目中那位心灵手巧的仙子，而是一个每天织不出布匹的笨拙女子。

南北朝时，任昉的《述异记》中，我们今天所了解的牛郎织女故事基本成型：

在很久以前，有一个孩子父母早逝，跟着哥嫂一起生活，他生得聪明勤快，可是嫂嫂仍然嫌弃他，经常虐待他。天不亮就赶他上山放牛，大家都叫他牛郎。后来，哥嫂就和牛郎分家了，贪婪的嫂嫂只给他一间破房子，一头老牛，让他自立门户。从此，牛郎白天放牛、砍柴，晚上就和老牛一起睡在那间破房内。

牛郎逐渐长成了一个英俊的青年，由于家境贫寒，没有人给他提亲。有一天，牛郎赶着牛走进了一片茂密的树林，这里山清水秀、鸟语花香。老牛突然开口说话了，他告诉牛郎，几天后天上的织女和别的仙女要到银河里去洗澡，让牛郎趁仙女们洗澡的时候，把织女的衣裳拿走，这样织女就回不了天庭，就可以给他做妻子了。

到了那一天，牛郎果真见到几个美丽的仙女驾着五彩祥云轻轻落在银河边的草地上，然后脱去五彩霓裳，跳进清澈见底的河水里，她们一边沐浴，一边在河里嬉戏玩耍，欢快的笑声传出很远。牛郎盯着一个最年轻最美丽的仙女，看得入了神，他悄悄地沿着树丛走过去，轻轻拿走了她的衣裳。接近中午时分，其他仙女纷纷穿起五彩霓裳，驾着祥云回天庭去了，唯独织女找不到衣服，只得留在河里。正在她手足无措的时候，牛郎从树后走出来，请求织女答应做他的妻子，织女见牛郎忠厚老实，勤劳健壮，便脉脉含羞地点了点头，跟牛郎一起回了家。

牛郎织女喜结良缘后，男耕女织，夫妻恩爱，生活幸福美满。两年后，织女生下一儿一女。但是那头老牛越来越老了，也干不了重活了，牛郎和织女就不让他下地干活了。老牛临死前叮咛牛郎说：“我死后你把我的皮留下来，遇到灾难时就把牛皮披在身上，它会帮助你的。”老牛说完就咽了气。牛郎夫妻俩含泪剥下牛皮，将老牛埋在山坡上。

织女原来是玉皇大帝和王母娘娘的孙女，王母娘娘得知织女私自下凡游玩，并跟凡间的牛郎成亲后，十分震怒，便命令天神下界，把织女抓回来。天神下到凡间时，恰好牛郎不在家，他们拉起织女就走。牛郎回家找不见织女，也不见织女洗澡的银河，原来银河也被王母娘娘施展法力搬到天上去了。两个孩子号啕大哭，嚷着要娘。牛郎一筹莫展，悲痛中突然想起老牛的叮咛，立即披上牛皮，用箩筐挑起两个孩子去追织女。他一出门就身轻如燕地飞起来了，越飞越快。穿过层层云团，进入茫茫太空，不知走了多少路程，银河就在眼前。眼看就要追上织女了，孩子们也在招手呼喊娘，牛郎心中大喜。这一幕恰巧被王母娘娘瞧见了，狠心的王母娘娘拔下头上的金簪用力向空中一划，清浅的银河立刻变成了万顷碧波，牛郎再也飞不过去了。柔肠寸断的织女和心急火燎挑着一双儿女的牛郎，一个在河东一个在河西，从此，这对有情人只能隔河相望，却再也无法生活在一起，这条王母娘娘随手划成的就变成了脚步无法逾越，只能隔河相望的天河。

见不到牛郎和孩子们，织女生气地将梭子一摔，就变成天上的梭子星，牛郎和织女也就变成牵牛星和织女星。牛郎因为挑着两个孩子，所以两边又各有一颗小星。牛郎织女遥望对泣的哭声感动了喜鹊，霎时间无数只喜鹊飞向天河，搭起一座鹊桥，牛郎织女终于可以在鹊桥上相会了。天长日久，玉皇大帝和王母娘娘也拗不过牛郎织女之间的真挚情感，准许他们每年七月七日相会一次。千百年来民间传说，每逢农历七月初七，人间很少见到喜鹊，善良的喜鹊都到天上给牛郎织女搭鹊桥去了。还有人说，这天晚上夜深人静时，在葡萄架下还可以听见这对情侣亲密地交谈呢。

牛郎织女的故事令人牵肠挂肚、感慨万千，寄寓着人们的无限同情和希望，故事主人公对爱情的执着追求，给后人留下积极美好的精神财富。时光流转，日月如梭，往事越千年，站在石婆庙前，古昆明池的湖光水色、琼楼亭阁，早已化为历史烟云，只有满眼的青苗，留下了牛郎、织女千百年忠诚的守望。凄婉的故事、幻想的美好结局，展现了中华民族对美好生活和美满婚姻的永恒追求，希望牛郎织女鹊桥相会长相厮守、永不分离，也祝愿普天下的有情人终成眷属。

七夕民俗乞巧

众所周知，在中华五千年历史长河中，农耕文化占据了绝对的主导地位，其显著特征就是男耕女织，而纺线织布是衡量女性才艺的重要标准，因此生活在民间的女子都希望自己有灵巧的双手和美丽的容颜。

相传天上织女的手艺极巧，能织出云彩一般美丽的天衣。为了使自己也能拥有织女一般的巧手，在少女之间，遂产生了在七夕祭拜织女的习俗。东晋葛洪在《西京杂记》曾描述："汉彩女常以七月七日穿七孔针于开襟楼，人俱习之，"这是我国古代文献中所见到的最早的关于乞巧的记载。《西京杂记》中就记载有汉高祖戚夫人的侍女谈及汉宫七夕乞巧之事。而南北朝时期宗懔的《荆楚岁时记》中记载汉文帝的皇后窦氏小时因为秃头，在七夕之夜，家人都去看星星，就不让她去。都说明七夕节在汉代已成为人们生活中最重要的事情之一。

唐代时，七夕向牛郎织女两星祈福、祈寿、祈子、守夜等民俗活动已成为当时的主要内容。据史书记载，唐玄宗非常重视七夕，在宫中建造了一座高达百尺，可容纳数十人的乞巧楼。每至七夕在此欢乐达旦，引得民间争相仿效，更加风靡普及。崔颢诗云："长安城中月如练，家家此夜持针线。仙裙玉佩空自如，天上人间不相见。"就是对当时长安七夕盛况的真实写照。

农历七月初七晚上，大家除了穿七孔针于开襟楼以外，还衍生出更多的民间习俗。如：乞生求子、投针验巧、喜蛛应巧、乞生巧芽以及出门去看牵牛、织女星渡河相会，等等，有的家庭甚至在夜阑人静之时，让家中一个童女，悄悄地走近古井之旁，或是葡萄架下，屏息静听，隐隐之中如果能听到牛郎、织女对谈或是哭泣的声音，此女必能得巧。

千百年来，在斗门及西安周边的一些乡村中，依然延续着在七夕乞巧的习俗方式，乞巧的女子还被亲切地称为巧姑，意为心灵手巧、乐

牛郎织女石刻保护

于助人的好女孩。

沧海桑田，代易时移，昔日烟波浩渺的昆明池早已变成了阡陌的农田和村舍，唯有石婆、石爷历经风雨2 000多年，至今犹在，似乎向人们诉说着多变的岁月沧桑。1956年这两尊石雕也被列为省级第一批重点保护文物。石婆庙每年有两次大的庙会活动：一是农历正月十七前后，当地传说是牛郎织女结婚的日子；二是在农历七月七前后，牛郎织女相会的日子。石婆庙会活动一般持续三至五天。西安城内外的善男信女和青年男女，也有来自甘肃、山西、河南等省的香客络绎不绝，高峰时每日多达数万人，其热闹非常，和春节相比毫不逊色。2007年，长安斗门石婆庙七夕传说成功被列入第一批省级非物质文化遗产保护名录；2011年，牛郎织女传说被列入第三批国家级非物质文化遗产。由此表明，这里是七夕节的故乡，而昆明池是牛郎织女传说唯一的发源地。

石婆庙会

令人自豪的是，考古专家们最近几年终于弄清了昆明池的大小、位置、遗迹、走势、源头等，让今人得以遥想当年烟波浩渺的如画风景和船只往来的忙碌景象。

还不只是想象，我国历史上第一个人工蓄水工程——昆明池将在西咸新区沣东新城重视。届时，石婆石爷也将重新归位，守望昆明池两岸。规划还将依“天象”为牛郎织女搭起一座“鹊桥”，让昆明池景区成为一处爱情圣地。

穿越历史的村镇

商贸中心

秦渡古镇

秦镇米皮甲天下，沣河关津济四方。
草堂烟雾成奇景，九楼古堡诉沧桑。

"吟社客归秦渡晚，醉乡渔去渼陂晴。春来不得山中信，尽日无人傍水行。"这是唐代诗人高骈《寄鄠杜李遂良处士》中的诗句。诗中为我们描绘了一幅优美的田园风光，所提及的秦渡，就是文中将要介绍的秦渡镇。

千年古镇兴西周

秦渡镇，简称秦镇，原是古代的渡口，也有叫津的，是陕西关中闻名遐迩的历史名镇，位于户县与长安交界的沣河西岸。商朝末年，周文王出兵讨伐崇国于此，并在这里营建新都——丰邑，同时将周都由西岐地迁于丰邑，史有"周丰宫"之称，与镐京南北相望。《古今图书集成》记载：秦渡就是西周时期的丰地，位于沣河西岸，丰城旧址还存在，镇北五里有西周文王所筑灵台（今西安长安区境内），就是见证了西周王朝的兴亡盛衰。

西周灵台遗址在今西安市长安区马王镇街道办阿底村东南约500米沣河西岸。根据史料记载研究，灵台是一个集观察天候、制定律例、于民施教、动员战争、占卜大事、庆祝大典、会盟诸侯等的一个多功能场所，灵台的建造表示一个国家机制完善。

公元前645年秦晋梁山一战，晋国大败，晋惠公被俘。《左传》有记载："秦获晋侯以归，舍诸灵台。"当时关东诸国不承认秦诸侯国地位，聪明的秦人知道，春秋时期的晋国长期实力强大，被天下诸侯看作是西周王朝政治权力的继承者，是天下公认的霸主。如果杀掉被俘虏

秦镇周文王灵台

的晋国国君晋惠公，晋人便会另立新君，并会招来晋人疯狂的报复，倒不如利用此事邀请关东诸国至灵台来调解，谈判后将晋惠公送回晋国。既可获得关东诸侯国实际意义上的承认，又可用晋惠公换取利益，于是通过谈判，秦人获得晋国进献的八座城池了事。这八城中就有栎邑，即后来秦都栎阳。南北朝时，后秦皇帝姚兴由西域迎接天竺高僧鸠摩罗什来长安逍遥园，即今天陕西户县草堂寺翻译佛经，传播佛法。后秦姚兴弘始三年(401)，皇帝率领百官由京城长安赴户县草堂寺聆听鸠摩罗什讲经，在秦渡镇处设立渡口以渡沣水。因而，形成了集镇的雏形。后来逐渐发展成为繁华的交通商贾中心，至今有1 600多年的历史。宋代宋敏求编纂的《长安志》中已经明确有秦渡镇的称谓，一直延续至今。

● 周文王灵台石碑

草堂烟雾天下奇

● 鸠摩罗什像

草堂寺位于秦镇以西五六公里处的今户县草堂镇营村，是中国最古老的佛教寺院之一，也是我国佛教史上时间较早、规模较大的佛经翻译场所。它与佛教的多种宗派（包括日本国日莲宗）有着密切的关系，被中国佛教“八大宗”之一的“三论宗”奉为祖庭。草堂寺是国务院确立的汉族地区佛教全国重点寺院。

草堂寺原称大寺，创建于后秦弘始三年（401），距今1 600多年。当时后秦皇帝姚兴迎接西域高僧鸠摩罗什至长安，住在逍遥园西明阁翻译佛典，后在园内建草堂寺，供鸠摩罗什居住。由于用泥巴夹杂茅草筑屋，再用茅草苫盖屋顶，地处户县圭峰山北麓，以山为宅，以草为堂，故起名草堂寺。

隋唐之交，烽烟四起，兵戈相见，草堂寺渐趋萧条。唐穆宗长庆元年，著名高僧宗密法师主持该寺，寺风大为改观，并更名为“栖禅寺”。隋唐历代帝王都曾来草堂寺参拜过，诗人李白、杜甫、白居易等人也在此留下大量诗文。各地的僧人和善男信女络绎不绝，来寺学习朝拜，香火极盛。五代后梁开平年间（907— 911）改名为“建福禅院”，自此以后，寺内建筑多被兵火烧毁。明末走向衰败，清代曾多次修缮，始终未能恢复到原有的规模。同治元年（1862），回汉冲突尖锐，寺院又毁于战火。新中国成立后，政府多次拨款整修，加上草堂寺僧众多方化缘及日本国日莲宗捐资，逐渐形成了目前的规模。寺内现保存有一座名为鸠摩罗什舍利塔的八宝玉石塔、书法家柳公权篆额的圭峰定慧禅师碑，还有一口雾气缭绕的烟雾井等。

古井在草堂寺的北院，这里林茂竹秀，幽静清雅，超凡脱俗。古井内经常出现的烟雾升腾的奇景，更给这里增添了一种神秘的色彩。相传井下有一巨石，石上卧有蛟龙，早晚呼气，从井口冒出，遂成“烟雾”。此外又有人说，草堂寺自古以来佛事兴盛，进香拜佛的人不计其数，以至于香烟升至高空，与山气聚合，遂成“烟雾”。随着科学的不断发展，人们对于前两种说法不过是作为美好的神话传说来接受而已。草堂烟雾的成因合乎科学的解释是：由于关中一带地热资源丰富，地热在运动的过程中，沿地壳的岩缝冒出地面，天气稍有变化，这股热气与周围的水汽、云雾及香火之烟混为一体，升至高空，遂成“烟雾”。

关中八景之一的“草堂烟雾”即由此得名。现存于西安碑林的关中八景石碑上有清人朱集义的一首诗，生动描绘了这一奇景：“烟雾空蒙叠嶂生，草堂龙象未分明。钟声缥缈云端出，跨鹤人来玉女迎。”

铁钟缘何挂不起

1956年的时候，草堂寺里保留了两口古钟。其中一口为元代所铸，体积比较小，现在已经失传了。另外一口是明代铸造的，铸于万历十九年（1591），重2吨，高2.6米，口径2.2米。铁钟顶部吊环周围开六大圆洞，钟身铸九层图案和阳文经文，分四圈各12块，钟脚一圈饰以浮雕龙凤狮子图纹，栩栩如生，极为精美，大多至今完好，清晰可赏。钟上刻有14处寺院及200余位僧人名录，山西等数十县1000多位助缘信士姓名和住地。1956年重新修葺草堂寺的时候，在内院门外东侧建造了亭子，专门放置这口明代大钟，与圭峰碑亭对称。

2000年为了存放元代至正十二年（1352）建的敕封大智圆正圣禅师僧肇碑，就重新修建了钟楼存放巨钟，原亭内放置了僧肇碑。明钟俗称“挂不起来”，民间流传有这样一个民间故事。据说当年为了铸造这口钟，草堂寺里经济拮据，因此寺里的僧人出外四处化缘，周围村子里的老百姓家里有铁的施舍废铁，有钱的富户布施钱财，村民们是有钱出钱，有力出力，都很踊跃。

村里有一家户主是一个贫妇人，双亲早已去世多年，丈夫也刚刚去世，膝下只有一个儿子。母子两人孤苦伶仃，十分贫困，根本没有多余的东西来捐献。她可怜巴巴地噙着泪对草堂寺里化缘的和尚说：“我家既没有废铁，也没有钱，已经有好几天没有吃饭了……”说话的时候，儿子饥饿难忍，哇哇地哭了起来。

贫妇人心烦意乱，故意吓唬儿子，便对和尚说：“师父如果不嫌弃，就把这娃带走铸钟吧！”儿子一听慌了神，哭声戛然而止，和尚也默默地转身走了。大钟铸成后，挂起来一敲，那声音尖厉凄凉，就好像那个饥饿的儿子呼唤母亲啼饥号寒一样。僧人和善男信女皆嫌这钟声凄惨、不好听。从此寺里的僧人把这口钟放到地上，弃置不用了。

这仅仅是一则牵强附会的民间传说，大钟音色不好，这无疑与铸造的技术有关。

秦渡镇九楼十三堡

清代以前，秦渡虽然有镇这个实体，却没有城墙来保护。康熙四十五年至四十七年（1706—1708），当时的县令以保护这里商户和百姓安全为由，下令在秦渡镇筑起城墙，到了光绪年间，修缮好城墙的秦渡古镇面积约有1.5平方公里。北、西、南三条大街，构成秦渡镇的T字形格局。同时，在镇内相继兴建了日月楼、药王楼、孤魂楼、花楼、土地楼、无量楼、火神楼、玉黄楼、腊八楼等九座楼，成为秦渡镇的九大景观，并与薛家堡、高家堡、连城堡、楼北堡、楼南堡、楼西堡、楼六堡、通城堡、鹿（陆）家堡、单家堡、孙家堡、四六堡和中兴堡等13个村堡遥相呼应连成一体，由此产生了秦渡镇九楼十三堡的说法。

除了有名的九楼十三堡外，秦渡古镇里还曾有道观、寺庙十几处，甚至还有一座基督教堂，戏楼竟有三座之多。遗憾的是这些古迹，已不复存在，只有明代嘉靖年间修建、清乾隆年间重修的关帝庙大殿仍然保留着。关帝庙，如今改名为“极乐庙”，虽然庙里的大部分建筑都已被拆毁，不过气势最宏伟的大殿却保留了下来，从大殿一旁破损的石碑上，还能依稀辨认出庙宇曾经的格局和规模。

而当年的九座楼只能在秦渡镇一些老旧的街边小店里，从悬挂在墙上早已泛黄的“秦渡镇九楼图”，还能看到它们当年的景观，了解它们在秦镇人心中的地位。

秦渡古镇的城墙上，有五座城门——西门、北门、南门、土南门、大南门。因为秦渡镇的东边紧临沣河，东边的城墙既是墙，又是防洪的河堤，所以秦渡镇没有东门。在镇内，商业铺房顺着三条大街的走向依次排列，街面以石条铺设，居民的房屋则多位于背街偏巷。由于秦

秦渡镇老南门城楼

渡镇临水，所以防洪排涝便显得尤为重要。四周的城墙用以抗洪，镇内则修有若干涝池，外围的城壕也可用作排水防涝。

秦渡镇老街秤铺

商贸中心连巴蜀

作为沣河的一处重要渡口，又处在古代客商由关中入秦岭、进巴蜀的交通要道，很早就是连接关中到巴蜀古道上的一座重镇。南来北往做生意的人很多，码头上日夜灯火辉煌，喧闹、繁华的景象令人如痴如醉，成为京广杂货、土产山货、粮食棉油的集散地和贸易中心。至明代时秦渡镇的商业得到了很大地发展，这里的集贸交易甚至比户县县城还要兴旺，形成了较为完整的商贸体系。

到雍正年间，一些外省的商人也往来其中，客商除了陕西人外，还有来自山西、河南、甘肃、四川等地的商贾。商店摊点更较前增加数倍，呈市场繁荣、购销两旺局面。这里成了户县境内商贾最集中、车辆最多的地方。

民国时期，由于连年战乱，许多来自山西、河南的商人，到秦渡镇避难、谋生。处于敌后方的秦渡镇，商贸活动得以迅速发展。据历史学家考证，民国时秦渡镇的三条大街上，仅粮食店就有 12 家之多，杂货铺 20 余家，中药铺 12 家，酒馆 4 家，制麻、制皮、造酒、染坊、酿醋、照相馆、理发店、裁缝店等手工作坊数不胜数，山货土产收购店 9 家，这些店铺将山货土产收购后，批量运往外地或市面销售。

秦渡镇老街竹器店

那个时候每个农历的双日，是逢集的日子，若遇到农历四月初八，或是八月初六的秦渡镇传统古会之日，镇子里更是热闹非凡。卖艺、杂耍、相命、说书、唱戏、博彩等各项民间活动齐聚镇里。尤其是每年的腊八过后，镇里的集贸活动达到了高峰，街上的店铺、摊点日夜繁忙，肉市、菜市更是热闹非凡，每天从早上六七点开市，到晚上九八点钟仍迟迟不散。

秦渡镇老街一角

秦渡镇特色小吃

秦渡镇紧临沣河，水资源充沛，尤其是雨季，水流湍急，浊浪滚滚。因此过去这里大多是水田，盛产大米。这就为制作大米面皮、酿酒提供了原材料。

秦镇米皮制作图

相传，秦始皇在位时，有一年关中大旱，沣河缺水，地里长出的稻谷秕穗太多，百姓们不敢将此粮缴纳，怕犯了欺君之罪。正在大家为难之际，一个叫李十二的人心生一计，他把这种稻谷的米，碾成米面，蒸成皮子，决定用此作为礼品献给皇帝。李十二带着米面皮子，来到咸阳，向皇帝诉说当年歉收的光景。当秦始皇吃过皮子，觉得味道可口，龙颜大悦，遂让李十二再蒸几张皮子供他食用。结果秦渡镇的米面皮子不仅成了皇家贡品，还免了当年的赋税。从此，秦渡镇的凉皮子便不胫而走地出了名。

也有学者认为秦镇米皮是从唐代冷淘面演变而来。冷淘面原是唐代宫廷在夏日食用的一种食品（类似今天的凉面），随着时间的推移，宫廷食品逐渐传入民间，成为大众百姓盛夏消暑美味。其中最负盛名的就是“槐叶冷淘”。它以面与槐叶水等调和，切成饼、条、丝等形状，煮熟，用凉水浸过后食用。

秦镇米皮用当地出产的一种籼米制成，色白如雪，光润似脂，具有筋、薄、细、软的特点；调味品中尤以辣子油最为让人发馋，再配以作料、青菜、黄豆芽、香醋等，红绿白黄各色齐全，吃在嘴里，香在心里，绵

秦镇米皮

韧可口，回味无穷。

黄酒也是当地的一大特产，呈琥珀色，靠阴阳地气自然温度发酵，需2—3年才成。酒内配以人参、大枣、枸杞、桂圆、鹿茸等药料，具有健脾开胃、强身壮骨之功效。

秦镇的凉皮、黄酒是出了名的，一些外地游客和居住在周边的人们常常慕名而来，就是为品尝地道的秦镇凉皮和黄酒。坐在百年前的木质老房里，一张八仙桌，一碗米皮，一个肉夹馍，再加一壶黄酒，这就是标准的秦镇式午餐。除了凉皮和黄酒，秦镇的风味小吃还有肉浇米饭、豆腐脑、炒米饭、灶糖等等。

近些年由于城镇化进程发展，一座座新式建筑顺着老街向外扩展。如今的秦渡镇老城墙，只保留下了东部沣河沿岸以及南部的一段；镇内也只有西街和南街还基本保留着原来的模样。两边的店铺经营着各种各样的日用百货、食品小吃。越靠东，街道越窄，老房子也越多。许多商铺的屋檐下，都有精美的砖雕、木雕，显示了这里曾经的繁华和富裕。南街仍保留着曾经的土质路面，街边的店铺仍然保存着古旧的风格，凉皮店、面馆、杂货店、肉铺……在秦渡镇颇负盛名的米皮店、黄酒馆都开在这里，从中能够感受到北方商镇的风貌。

秦渡镇街景

穿越历史的村镇

全真教祖庭

祖庵镇

金庸武侠名四海，全真七子老少闻。
终南祖庭重阳宫，抚今追古静心神。

当代著名作家金庸的小说《射雕英雄传》与《神雕侠侣》中，描写了一位武功盖世，而且充满传奇色彩的人物王重阳和他创建的全真派，以及创建古墓派的侠女林朝英，引起了许多人的遐想。随着影视剧的热播，祖庵镇因此名声大噪。“活死人墓”究竟是什么样的？让我们走进祖庵古镇去了解一下历史上的王重阳和全真教。

活死人墓遗址

祖庵奠定文明基

祖庵镇位于西安市户县西部，是一座千年古镇，上古时称“甘野”。据文献记载：夏禹去世后，他的儿子启继承王位，废除了自尧舜以来由部落成员选举首领的禅让制，改为父死子继的方式世袭继承，从而引起了激烈的王位争夺斗争。公元前 2069 年，同姓邦国有扈氏起兵反对，夏王启率领军队沿雒阳（今洛阳）西大道西进，越崤山，渡黄河，经桃林，过华山北麓抵达有扈氏国，双方大战于此，历史称之为“甘野之战”。又据《陕西地理沿革》记载：商王乙的弟弟期曾经受封于郝这个地方，即今天祖庵镇下辖的郝村。现在郝村存有一个古代流传下

重阳宫千年银杏树

重阳宫

来的石桩，上刻有“古鄠国”字样，又有庙碑记载：今之鄠村即古号为鄠国是也。户县得名于有扈氏，因甘野之战使户县有文字记载历史达到4 080 年，世所罕见。

甘野之战是中国历史上一次极其重要的战争，不论有扈氏是为了维持原始氏族部落的传统习俗，还是以传统习俗为借口争夺最高统治权，就启而言都是为了打破旧的社会秩序，建立新的国家机构，确立世袭王权，结束部落统治。夏王朝的胜利，使中原地区部族纷争的局面成为历史，实现了华夏的统一，巩固了夏王朝的专制政权。经过这场战争，代表新兴贵族利益的夏王朝得到了巩固和发展，为中国社会进入新的文明阶段做出了积极贡献。

祖庵镇历史悠久，迄今已有 800 余年历史。北宋时就形成大的村落，因刘蒋两姓居多，故叫刘蒋村。宋、金时期，此地属宋、金、元反复争夺的地区，因古镇形似桑叶，被西甘河和东甘河二水环抱，交通便利。加之农业、手工业发展较快，形成集市贸易，故改刘蒋村为双溪镇。金朝正隆年间，咸阳人王重阳来此，筑穴建庵修道。收来马钰（马丹阳）、丘处机、刘处玄、谭处端、王处一、郝大通和马钰之妻孙不二众弟子，创立全真教。王重阳去世后，弟子护送其遗骨葬于旧居。马钰袭掌全真教，在其地建立道观，手书“祖庭”二字为额。之后，王重阳弟子王处一上奏朝廷，请于其址建灵虚观，丘处机又请改名重阳宫。元世祖时，重阳宫奉敕更名为“敕赐大重阳万寿宫”。享有“天下祖庭”“全真圣地”之尊称，悬挂在山门上方的元代皇帝御赐金匾仍清晰可辨。后来全真教得到金、元朝廷的认可与支持而盛极一时。王重阳被尊为祖师，其弟子马丹阳、丘处机于此重建祖师之庵，亦称“祖庭”“祖堂”。四方称之为祖庵，故改称祖庵镇。重阳宫是全真教三大祖庭（陕西重阳宫、北京白云观、山西永乐宫）之一。

祖庵镇以重阳宫为中心，镇区还保存有古十字街、城隍庙等珍贵的遗存，历史上曾数度为周至和户县交替管辖。从乾隆十年（1745）设立到“民国”十九年（1930）撤销的185年间，祖庵镇作为周至县佐署

祖庵镇城隍庙

存在，周至县佐署设官分职，履行县署权力，俗称“二衙”，其住所设于镇城隍庙内。当时古镇分南北东西四堡，四堡各有城墙，且相互连接。在连城墙之内，形成一个中心，称为街，又分东南西北四街，鸟瞰远望，古镇呈十字花形状。自20世纪50年代以来，各堡城墙先后拆毁，街堡相通后，四堡名称渐失，多称祖庵四街。南街以种菜为主，肩挑车推贩卖蔬菜；东街做小生意者居多；西街多殷实户；北街靠近重阳宫，曾一度是“民团”驻地，故当地流传“有锤（打架）甭在南街打，有奸甭在东街耍，有钱甭在西街使，有势甭在北街逞”的民谣，形象地勾勒了古镇四街的民风特点。

古镇于20世纪50年代末划归户县，但其婚丧嫁娶等风俗习惯，仍保留着周至东南乡诸多特征。

王重阳创全真教

王重阳，陕西咸阳大魏村人，原名中孚，字允卿，又名世雄，字德威；出俗入道后更名嘉，字知明，号重阳子。其家业丰厚，自幼崇文尚武，文武两长。因当时关中沦于金人统治之下，仕途无望，他于是产生愤世嫉俗的思想，很长时间，整日纵酒泄愤，行为疯狂，用消极的态度表现出自己对社会现实的反抗和不满，后来愤然离俗入道以求“全真”，立教布道以求济世。

王重阳

金正隆四年（1159）六月十五日，相传王重阳在终南甘河镇桥头酒肆中，遇见“八仙”中的钟离权（俗称汉钟离）与吕洞宾，受两位仙人点化而悟道出家。两年后，即金

● 重阳祖师墓

大定元年（1161）王重阳择古镇东北三里之南时村（今祖庵镇辖之城道宫村），自凿一墓穴，深丈余，筑冢数尺，内设“王害疯灵位”，命名为“活死人墓”。独居穴中，修炼三年。他离绝尘世，感悟“活中得死”与“死中求活”，这种“活”，不是主要靠五谷等物质生活，而是修身养性，炼丹服药，修炼而成道家的内、外丹，并总结出全真教丹法的要领：“存神养浩全真性”，其目的主要在于练内功“全真性”来延长寿命，获得特异功能，即成道。

王重阳在“活死人墓”修炼成道后，于金大定三年（1163）填了墓坑，迁居刘蒋村（即改名后之祖庵镇），结茅庐而居。其间，四处奔走，广交朋友，劝道传教，被周边民众视为高人。时有秦州甘泉人（今陕西甘泉县）玉蟾（名德瑾）和京兆终南人（今周至终南镇）李灵阳等慕名来刘蒋，与重阳同庵而居，早出晚归，传播教义；后又有乾州礼泉人史处厚，自幼慕道，前来结盟，遂被王重阳收为弟子，训号洞阳子。京兆栎阳人（今西安临潼区）严处常等人前来拜投重阳为师。他们志同道合，辛苦奔忙，在王重阳的指点下，自修以全“真性”，外修以全“真行”，广传教义，在关中地区交往了许多人，在社会上颇有影响，初步奠定了“全真教”的根基。

这与金庸笔下的王重阳与古墓派却大相径庭。小说中的活死人墓是王重阳为了对付金国，建造的专门放置军备武器的地方，并虚构了一个十分爱恋他的侠女林朝英，演绎出一段爱恨交织的传奇故事。

林朝英知道自己无法与全真教掌门人共度余生，只好和王重阳通过比武赢得此墓，遂住在古墓里，竭尽心智，研究出了克制全真派武功的《玉女心经》。幻想终有一日能与意中人并肩击敌，要练到最后一章终须二人分使全真剑法和玉女剑法相互应援，分进合击。但最终二人因高傲不群的性格未能长相厮守，所以林朝英所收皆为女徒，立下门规：要她们立誓终身不出古墓，除非有一男子甘愿为其献出生命，誓言方破。此墓中人武功虽强，却未起门派名字，后因其居住古墓，江湖人

王重阳与全真七子图

便称之为“古墓派”。

其实，历史上的王重阳武功并不高强，但文才出众，他融道、佛、儒家思想于一“炉”，声称“儒门释户道相通，三教从来一祖风”。为实现其“使四海教风为一家”的远大理想，决定前往山东蓬莱收徒立教。于是在金大定七年（1167）四月，他辞别了玉蟾、严处常等，又告别刘蒋村众乡亲，途经咸阳，与家人话别后，自焚其庵，开始了长途跋涉前往山东的传教收徒活动，宣传教义，创建教团，发展道徒，使道教从哲理上开创了一个新局面。

王重阳在山东半岛宁海等地，以《道德经》（也叫《老子》）《般若心经》《孝经》为信徒必修经典，发现培养道会骨干“全真七子”，即马钰（丹阳子，扶风马援之后，遇仙派）、丘处机（长春子，山东栖霞，龙门派）、谭处端（长真子，宁海人，南无派）、王处一（玉阳子，宁海人，昆仑派）、郝大通（太古子，宁海人，华山派）、刘处玄（长生子，随山派）和马钰之妻孙不二（清静散人，宁海人，清净派）。并在马丹阳为其安排的住宅题额“全真庵”，由此全真教正式创立。

金大定十年（1170），王重阳携弟子马丹阳、丘处机等“四真”，从山东掖县启程西归，途径汴京（今河南开封）羽化而终。临终时对随从弟子：“丹阳已得道，长春已知道，吾无虑也。”又嘱丹阳：“可赴终南刘蒋之故居。”言毕而逝，享年 58 岁。第二年，丹阳等在刘蒋村结庵，为其师制葬所，于大定十二年（1172），率众赴汴京迁重阳遗蜕归葬故居。守墓三年后，丹阳构筑一广庭称“刘蒋庵”，书额“祖庭心死”，亦称祖庭，四方尊称为祖庵，以表其承师弘道之志。马钰在祖庵环居期间，足迹遍及周、户及关中、陇西等地，传道收徒。许多官僚士庶，诚心向道者从四面八方慕名而来祖庵，拜丹阳为师，归依祖庭。不少人经过丹阳传授道妙，长期修持，成为全真教的中坚力量。

后经丘处机等全真弟子的努力，使全真教成为中国道教的一个独立派系，吸引了众多的士大夫和民众，在北方风靡了近一个世纪。

全真祖庭重阳宫

蒙古灭金后，大有得天下的态势。此时已是重阳宫当家人的丘处机，为了振兴道业，不顾自己年逾古稀，西行万里，在中亚遇“一代天骄”成吉思汗，获得成吉思汗崇奉而呼之为“神仙”，拜之为国师，掌管天下道教乃至所有出家人，为全真道以及整个道教的发展奠定了坚实基础。后又经过尹志平、李志常相继掌教修建灵虚观，1236 年，改灵虚观为重阳万寿宫。从“庵”到“观”到“宫”，赢来重阳宫的鼎盛时期。

到了 1251 年，重阳宫已修建成为规模宏大的建筑群。殿堂楼阁多达5000余间，东至东甘河，西至西甘河，南抵终南，北近渭水，住道

重阳宫七真殿

士近万名。元世祖至元二年(1265),重阳宫奉敕,更名为“敕赐大重阳万寿宫”。

在金庸的小说中,重阳宫既是神圣庄严的道观,又是全真武术的发源地。在这里,武林豪杰聚散,恩怨集结,正邪纷斗,是非矛盾产生、激化终而化解,演绎了一幕幕令人荡气回肠的武林故事,具有浓烈的武林传奇色彩。但是,历史上的重阳宫却是一个全真教徒的清修之地。

元朝灭亡后,重阳宫开始走向衰落,明清以后,屡遭破坏,其建制和规模远非元代可比,布局上可分为自然景区、人文景区和碑林三大部分。

自然景区中,种植着紫薇、姊妹黄杨和一株千年银杏树。紫薇又俗名痒痒花、怕痒树,因为树身若有微小触动,枝梢就颤动不已,确有“风清徐弄影”的风趣。

姊妹黄杨树属小叶黄杨,两株并生,高2米,树冠达6米。为金大定年间所植,已生长600余年,如同姐妹,相偎相依,为天下园林奇观。

在“祖师殿”旧址旁,重阳墓西南侧约10米处长着一棵古银杏树,人称“千年银杏树”,相传植于金世宗大定年间,至今已有800多年树龄。这株银杏树,在当地人们的心目中是重阳宫的标志,也是其兴衰的见证。树高约10丈,冠幅亩余,苍老遒劲。树身空心处曾生长出一株柏树,故人们又称“千年银抱柏”。后来,柏树枯死。近几年来,这株古树新枝叶茂,开花结果。

人文景区是重阳宫的核心区,也是这里最富有传奇色彩的地方。包括钟鼓楼、灵官殿、祖师殿(现改为七真殿)、重阳宝殿、重阳祖师墓、活死人墓、文昌阁、两圣殿、睹星门和太清院等。其中灵官殿、七真殿均为清代同治十三年(1874)重建。

重阳祖师墓左前侧有一高约2米,宽约1米,形状奇异的巨石,人称“祖师脚印石”。相传重阳祖师在“刘蒋庵”修行传道期间,常往楼观“说经台”听经悟道。一次听经归途,一沙粒落入鞋内,祖师归,脱鞋倾倒于庵前,岂知此沙粒因为浸染了祖师的仙气,日见生长,不经年,却长成一块巨石。后被祖师踢了一脚击了一掌,就再也不长了。如今,

● 重阳宫碑林

巨石上几个硕大的祖师脚印依稀可辨，被称作祖师脚印石，而巨石突兀的顶部乃是祖师击了一掌的印记。脚印石出现五种颜色，代表祖师练功所采的五行之气。

重阳宫内有一个祖庵道教碑林，现存40余通石碑中有31通为巨型元碑，多记述全真道祖师王重阳及北七真等道教人物的生平事迹，是碑石中最为著名者。如《全真教祖碑》《重阳祖师仙迹记》《十方重阳万寿宫记》等，其中《无梦令》碑是王重阳唯一存世的手迹；而72蛟龙碑（现存31通）中，有5通为元代蒙古文、八思巴文与汉文合刻石碑，为元代皇帝圣旨碑。

这些石碑几乎都出自名家手笔，其中首推元代书法家赵孟頫所书的《大元敕藏御服之碑》和《孙真人道行碑》。这些都是研究宋金元时期道教发展的重要资料，极具史料、书法、文学、语言学等方面价值。因此，“祖庵碑林”被人们誉为西安乃至陕西“小碑林”，2001年6月被国务院定为第五批全国重点文物保护单位。

祖庵古镇一年有三会。正月“上九会”、四月八“忙笼会”、八月四“忙罢会”。其中“上九会”,起源于正月初九祭祀全真教祖师王重阳,为重阳宫庙会。祭祀、文娱活动从大年初一凌晨去重阳宫抢头炷香,祭祀重阳祖师开始直到元宵节。其间主要活动有祭祀重阳祖师、锣鼓会、灯笼会(灯市)、亲戚拜年聚会等。

漫长的岁月为祖庵镇积淀了丰富的文化,尽管有一些已经被隐没在浩瀚的历史烟云中,但是重阳宫以自己独特的形态、以它厚重的道教文化在祖庵镇千百年的风雨中岿然不动。2013 年,祖庵镇入选陕西省 31 个文化旅游名镇,让这个千年古镇再一次受到众人瞩目。人们除了将目光聚集在现代人赋予这个古城镇的时代特质上,更多的是将视野落在了它悠久的历史上。古镇沉积了千年历史,也将继续书写着新的篇章。

穿越历史的村镇

道教圣地

楼观镇

老子西行过函关，打坐楼观说真言。
大道无形衍天地，上善若水永流传。

楼观镇与楼观台

楼观镇位于西安市周至县秦岭北麓城东南 15 公里处，北边是渭河平原，南面为著名的楼观景区。自秦汉至隋唐以来，一直是皇家、豪门权贵避暑、休闲、养生、打猎的胜地，建有众多的别业山庄，因境内有道教圣地楼观台而得名。清乾隆十四年（1749）始有建制——焦家集。民国时，发展迅速，每日一小集，十日一大集遂改为焦镇。1950 年命名为楼观区，1984 年改为楼观镇。

“关中河山百二，以终南最胜，终南千峰耸翠，以楼观最名。”楼观景区分为东楼观和西楼观两个部分。东楼观有说经台、藏经阁、仰天池、栖真亭、会灵观、玉华观等古建筑群；西楼观，传说为老子坐化之地，有吾老洞、老子墓、大秦寺遗址和唐塔等。

楼观远眺

楼观台，本名楼观，中国道教较早较重要的圣地。春秋时期，东周昭王时期的大夫尹喜在此结草为楼，观星望气，其地始命名为“楼观”。有一天，尹喜远远望见“紫气东来”，便预见即将有圣人从此地经过，遂于函谷关等候，并迎来圣哲老子来此楼观宅第，老子遂在南面一山冈上讲说了五千字的《道德经》，故称此岗为“说经台”。

老子是我国古代伟大的思想家、道家学派创始人，所著《道德经》（又称《老子》）以其朴素的辩证法观点和无为而治的思想主张，对中国哲学发展具有深远影响，也被后人尊奉为治国、齐家、修身、为学的宝典。

老子仙逝后，众人将老子安葬在楼观西山一个天然石洞中，这个石洞被称为“吾老洞”。我国北朝时期郦道元在《水经注》中写道：“就水出南山就谷，北迳大陵西，世谓之老子墓。”这就指的是此地。清代陕西巡抚大金石学家毕沅在大陵山下，就水之滨，立有“周老子墓”碑，至今犹存。

道教为什么尊老子为祖师呢？由于老子的生平失传，当时流行着许多关于老子的传说，例如传说他因为修道，活了 200 多岁，他的学问

范曾画作《老子出关图》

楼观台

如何高深莫测，连孔子也要向他请教，等等。所以，汉朝的时候，对老子就非常崇拜。后来，对老子的渲染越来越多，简直成了一位活神仙。东汉末张道陵创立道教，为了吸引百姓的注意和信仰，就尊奉老子为祖师，称他为太上老君。老子写下的《道德经》，也成为道教的最高经典，被千百万教徒所诵阅。由此，楼观台被称为道教祖庭和道文化发祥地，祭奠道教老子的活动不断发展。

老子雕像

历史上的楼观台

根据史料记载周穆王曾来此地游览，并在此地建立了“楼观宫”，秦始皇在楼观宫南建造了“清庙”，汉武帝在观北修筑了“望仙宫”。此后，老子所创立的道家思想受到了历代多位帝王的推崇。

公元617年，七月，李渊起兵反抗隋王朝，得到了楼观主持道士岐晖的支持，还派观中道士80余人至蒲津关（在今陕西大荔县东黄河西岸）迎接李渊所率大军。李渊率军进入关中后，即遣使到楼观台祈福，并诏封岐晖为金紫光禄大夫。按唐朝官制，光禄大夫官阶为正三品，加金印紫绶，岐晖得享如此高的待遇，足见李渊对楼观道教和岐晖的重视。

李唐王朝建立后，李渊出于政治需要，极力推崇道教，曾两次亲赴楼观老子祠拜谒，尊奉楼观为皇家祖庙，追封老子为“太上玄元皇帝”，

楼观台广场雕塑

玉真公主雕像

以《道德经》等道家经典开科取士，视道士为皇族宗室，朝臣、皇亲常入住道观修持。在此影响下，楼观高道云集，闻名天下，楼观道教达到鼎盛时期。李白、王维、白居易、温庭筠等著名诗人纷纷到楼观游览，并留下许多诗篇，大诗人李白还专门写下诗歌《玉真仙人祠》："玉真之仙人，时往太华峰。清晨鸣天鼓，飙欻腾双龙。弄电不辍手，行云本无踪。几时入少室，王母应相逢。"诗中以完全不食人间烟火的仙女形象，赞颂曾在楼观修道的唐玄宗之妹玉真公主。

玉真公主，大约生活在690年—760年之间，原封为昌隆公主，景云二年改封玉真公主，法号无上真，字玄玄（一说"元元"），号持盈，是武则天的孙女，唐睿宗和窦德妃之女，唐玄宗、金仙公主的同胞妹妹。由于武则天处死了她的生母窦德妃，玉真公主的童年，是在战战兢兢中度过的。为了避免争权夺利、刀光剑影的宫廷斗争，太极元年（712）与姐姐金仙公主出家修道。开元年间，金仙公主病逝，玉真公主就成了与唐玄宗李隆基血缘关系最近的人，所以在开元（713—741）年间及天宝（742—756）初年，她权势极大，而且比较关心朝廷大事，政治地位很高，道教活动也非常活跃，常常以唐玄宗代表的身份出现。唐玄宗为她在京城内建有富丽堂皇的玉真观，而且在道教圣地终南山还建有别馆。

为了求师悟道，公主与当时著名的道士和文人交往频繁。而道士与文人也可以凭借公主座上宾的关系，为自己步入仕途开辟一条捷径。就连闻名于世的诗仙李白，就是通过玉真公主等人的引荐进入翰林院的。

北宋王朝虽然也是一个崇信道教的王朝，但因宋太宗在楼观东北敕建上清太平宫，又下诏改宗圣观为顺天兴国观，并将原属楼观田产大多划归太平宫，楼观台逐渐衰落。到了金哀帝天兴（1232—1234）年间，楼观殿宇在战乱中焚毁殆尽。直到元世祖忽必烈即位后，全真派得以壮大，楼观道教归入全真道派，楼观成为北方全真道的主要基地，经过了三次敕命大修，才使楼观的规模接近于唐朝时的鼎盛景象。明清两朝由于统治者强化忠君的儒家思想，排斥包括道家在内的其他思想，楼观再次衰落。

西楼观老子墓

距楼观台西三公里的大陵山，又称西楼观台。大陵山依山傍水，茂林修竹，秀岭飞瀑，自然景观和人文景观得天独厚，经地质勘探，温泉资源丰富，是凭吊怀古、游山赏景、休闲度假、疗养避暑的胜地。

大陵山峰顶有玉皇楼遗址，陵北有王母宫遗址，王母宫北坡下有百亩水田，民间都称之为传说中的瑶池，是王母的起居之地。大陵山

大陵山风光

西楼观吾老洞

东坡下有遇仙桥遗址，相传为鲁班所建，建桥时巧遇八仙中的张果老而得名，是通过就水进入大陵山必经之地，唐、宋时为竹桥，明时为木桥，后屡毁屡建，明代桥墩遗址还在。大陵山吾老洞是老子晚年生活、著经、羽化之地，石洞宽 8 尺，高丈余，深不可测，世传内藏石函，函内有老子头盖骨，多年来探险者甚多，均为洞中阴风所阻。洞侧现有老子祠、尹喜祠等遗址。

明万历四年的《重修吾老洞碑》，碑额有“终南福地”四字，洞额嵌汉白玉匾，上镌“吾老洞”三字，洞内东侧有“藏丹神洞”石刻，洞内供奉明代老子石像一尊。吾老洞侧有老子祠遗址，始建唐初，香火极盛，后毁于北宋时火灾，明代重建，清代复修，“文革”时被毁。近年来，虽有修复，但规模较小，是每年农历二月十五日老子诞辰日祭祀老子的活动场所。

化女泉的传说

作为道教圣地，自然披上了一层神秘的面纱，平添了许多神奇的色彩，留下了许许多多神奇的故事传说，其中最为著名当属化女泉的故事。

相传，老子曾在周朝做过几任小官。后来他潜心学道，辞官归故里商丘。回家路上，他看见道旁有一堆嶙嶙白骨，慧眼一观，似有魂魄飘荡，顿起恻隐之心，便施道术，用“聚形符”将白骨点化成人，还许诺他：等传道至西方，安息时再付给他黄金作为工钱。这便是年轻英俊、为老子牵牛的徐甲。

老子到楼观台，整日说经讲道，忙得不亦乐乎，闭口不提给工钱之事。徐甲心中甚为不悦：一方面觉得终日牧放青牛，风餐露宿，苦不堪言；另一方面感到学道清苦寂寞，太劳神费力了，于是打算向老子讨了工钱去过逍遥自在的舒心日子。

有一天，他在化女泉这个地方放着牛，心里又盘算起来，一时想不出良策。忽然眼前出现了一座美丽的庄园。园里群芳争艳，鸟鸣啁啾，良田百顷，骡马成群，一位老员外手拄拐杖，正笑嘻嘻地望着他，旁边还跟着一位相貌标致的姑娘。老者问：“小伙子，你给谁放牛呀？”徐甲满脸不高兴，瓮声瓮气地说：“给老子。”老者又问：“给工钱吗？”徐甲不满地说：“说是一月三串钱，可至今连一个子儿也没见！”老者听罢，长叹一声说：“小伙子，人生一世，草木一秋，何必想修道成仙，受那些苦折磨！你看老夫有这么大的庄园，膝下又只有这么一个女儿，她虽无天姿国色，这方圆百里却是挑着灯笼也找

楼观化女泉

不着的。你若不嫌弃，便向老子讨清工钱，给我做个上门女婿，你们小两口便有享不尽的荣华富贵。不知你意下如何？”徐甲听言，满心欢喜，不由得又偷瞧那位姑娘，那姑娘也正在向他暗送秋波。他如痴如醉，急不可耐地说：“好极了！我这便去讨工钱！”他刚要动身，说来奇怪，那庄园、老者、姑娘倏忽之间化为乌有。徐甲大惊失色，只见老子不知什么时候已站在他的面前。

原来，老子想把道家的玄妙真经传给徐甲，但他发现徐甲常有愠色，又不肯吃苦，便化出了一个庄园来试探其心。那个姑娘是他用“吉祥草”变的，他自己则变成了那个老员外。他见徐甲道心不坚，私欲过多，不由得勃然大怒，现出了真身。他气得说不出话来，手里拿着铁铲在那美女站过的地方狠狠捅了一下，于是地下霎时出现一眼清泉。这就是如今的化女泉。

徐甲见自己的隐私被老子窥破，满脸通红，恼羞成怒，便告到尹喜那儿，说老子赖他工钱。尹喜沉吟再三，觉得师父绝不是那等赖账之人，这其中必有蹊跷。于是他询问老子是怎么回事。老子冷笑一声，说："你把徐甲给我叫来。"徐甲悻悻而来。老子又问："你知道你的来历吗？"徐甲茫无所知。老子说："你张开口。"徐甲莫名其妙，便将嘴张开。老子将"聚形符"立即收回，徐甲顷刻之间又复原为一堆嶙嶙白骨。尹喜见状，大惊失色，当即跪倒在地，苦苦哀求："师父，徐甲虽然罪有应得，但念起他跟你二百年之情，还是饶恕他这一次吧，让他悔改前衍，重新做人！"在尹喜的百般哀求之下，老子用手一指，白骨又变成了徐甲。徐甲满面羞惭。

老子将他的来龙去脉讲了一遍，喟然长叹道："原来我答应到安息时用黄金付你工钱，是想反金丹大道予你，让你得太上玄妙，永世解脱，谁知你——"说着说着老子又激动起来，"贪财好色，好逸恶劳，似这样道心不坚，将来何以能成正果？尹喜，付给他二百年的工钱七千二百串，让他走吧！"

徐甲听了老子的一席话，方才明白自己辜负了师父的一片苦心，捶胸顿足，懊悔不迭。他痛哭流涕，哀恳老子将他留下。

老子为了让徐甲牢记这个教训，便执意让他走。徐甲死也不肯走。老子气稍稍消了后说："等你以后真正回心转意，还可以再回来，记住，只要你真心学道，咱们还会有见面的日子的。"徐甲明白是老子要继续考验自己，便只好挥泪而别。此后，徐甲把化女泉的事情铭刻在心，去除了一切私心杂念，精心钻研，终于得道成仙，这就是道教中被人们推崇的白骨真人。

白骨真人徐甲造像

延生观的故事

唐景云年间，玉真公主为躲避宫廷斗争，隐居百里之外终南山周至楼观庆唐观。后又上书玄宗皇帝，自愿放弃公主名号和一切财产租赋，请延十年之命，敕赐观名“延生观”。建观以后，历代许多文人学士曾来此游览，李白、苏轼等在此留下许多诗篇、故事和逸闻。

开元九年，满腹经纶的年轻才子王维从千里之外的蒲州（今山西永济西部）来到长安应试。正当王维踌躇满志，意欲摘取桂冠之时，忽闻有个诗人张九皋通过玉真公主的途径，已得到取殿试第一的许诺。王维一筹莫展，只得与好友岐王李范（玄宗弟）斟酌，对方苦思许久，出一妙计。岐王准备好两件事：一是书录好其清新隽永的诗作十首；二是谱怨

现延生观景区内玉真公主与王维雕像

切的琵琶曲一首习熟，五天后为其引见公主。

引见之日，李范为王维精心打扮，让其在显著的位置与众舞者翩翩起舞。妙年洁白，风姿郁美的超凡形象，一下就跳入了公主的眼帘，受其青睐。公主向李范探询其人，李寓意深长，含笑答："知音者也。"公主听出话外有音，命取琵琶来让其弹奏。那知音者胸有成竹，弹出一首新曲《郁轮袍》，高超卓绝的精湛技艺和酣畅淋漓的传神情感，深深地拨动了在场聆听者的心弦。曲终，满座宾客无不动容。

公主大奇，歧王又介绍："这个人不光精通音律，而且在诗词上的造诣也是数一数二的。"王维当即献上怀中诗卷，公主读罢非常惊讶，说："这些都是我平时吟诵的诗句，原以为是古代圣人留下来的作品，不想却是出自你的手笔？"公主就让王维更儒衣再晤，升上客座，用接待上等宾客的礼仪优待他。当公主悉知王维也是来京赴考的举子时，即曰："像这样才华横溢的人如果不登榜首，还有谁能够中选？"并且让宫婢传话下去，宣召考试官到公主府邸。主考官当然心领神会，殿试之上，王维终于"大魁天下"，从此踏上仕途，名扬四海。

大秦寺

大秦寺位于周至县城东南 20 公里的终南山北麓、楼观台西约 1.5 公里处的塔西村，它是历史上基督教传入中国最早的寺院之一。公元 7 世纪中叶，罗马基督教（聂斯托利派）传入中国内地，当时称为"景教"，因唐代时称罗马为大秦国，所以称该教为"大秦景教"，称景教寺院为"大秦寺"。

1622 年，大秦寺出土了《大秦景教流行中国碑》，碑文记述了景教传入中国的始末及教义，被珍藏于西安碑林。据碑石记载，唐贞观九年（635），景教传教士阿罗本率教团来到唐都长安，请求传教。唐太宗对该教的入传采取了宽容的宗教政策，并给予了礼遇和恩宠，颁诏准许阿罗本建寺传教。朝廷遂在长安、洛阳等地建立了景教寺，周至大秦寺为此时所建，由于初唐几代皇帝对景教崇信和保护，该教发展迅猛，一度流行全国各地，曾创造了一个“法流十道”“寺满百城”的辉煌时期。

大秦寺宝塔

唐会昌五年（845），武宗灭佛时祸及景教，传教士全部被驱逐出境，各地之景教寺均被关闭，周至大秦寺也不例外。风雨沧桑，千年古寺曾三易其主，景教之后，道教占据过，佛教也曾占据过，但寺名一直沿用至今。清嘉庆年间（1796—1820），白莲教义军转战周至，该寺焚于兵火，唯有大秦寺宝塔幸存。

据金石资料记载：大秦寺宝塔，原名“镇仙宝塔”，建于唐德宗建中二年（781），迄今已有 1 230 多年历史。塔身为正八角形，该塔为七层八棱楼阁式空心砖塔，通高 40.90 米，内砌圆直径为 10.86 米。四面错落券门，二层以上有木楼梯可通塔顶，该塔造型古朴，美观大方，被誉为我国古塔中之佼佼者，特别是该塔内遗存有景教泥塑和古代叙利亚等外文刻字多处，这些都是研究古代东西文化交流史不可多得的珍贵资料。由于古塔年久失修，塔身裂缝，塔体向西北方向倾斜 2.76 米，岌岌可危。

大秦寺景观规划效果图

1999 年，国家拨专款近百万元对宝塔进行了抢救性加固维修，保护了祖国这一优秀的文化遗产。该塔作为古代“丝绸之路”的产物和中西文化交流之见证，已经受到国际学术界的关注和有关国际组织的重视。2000 年 8 月，联合国

大秦寺碑

教科文组织将大秦寺的保护纳入“中国丝绸之路保护项目”。2001年10月，世界纪念性建筑基金会将大秦寺宝塔及大秦寺列入了世界建筑遗产名录，大秦寺也因此而闻名海内外。

丰富多样的民俗活动

魏晋以来楼观祭祀老子的活动方兴未艾，到了唐代日臻完善成熟，历史上先后有多位帝王来楼观祭祀老子，形成了皇家或国家祭祀、民间祭祀和宗教祭祀三种类型。明清以后尤以民间祭祀老子活动内容最为丰富，延续至今。

● 楼观台祭祀老子礼仪活动

民间祭祀老子活动多以庙会的形式进行，东楼观于每年农历二月初十日为正会，会期共六天；西楼观每年农历二月十五（老子诞辰日）设立庙会，开展祭祀活动。庙会聚集了民间美术、音乐、演艺、工艺等多项民俗文化，包含了大量的民俗文化信息，具有范围广、规模大、影响远等特征。对于研究中国古代的民俗文化、老子文化、宗教文化有着重要的历史价值。

2009 年“楼观台祭祀老子礼仪”活动，被陕西省政府列入陕西省第二批非物质文化遗产名录。

舞蹈《牛斗虎》是一种集民间舞蹈、武术、鼓乐、民间美术工艺为一体的综合性艺术形式，它来源于道教圣地——楼观台脚下的楼观镇八家庄村，距今已流传了 300 多年。由于贴近平民百姓生活，成为当地人们在农忙后的闲暇之余、喜庆丰收、节日庆典时举办的自娱自乐的活动内容之一。

据传清代乾隆年间，当地有位叫杜困的画匠有一天进山打柴，在一个叫白龙洞的山坡上，亲眼看到了山脚下的虎豹沟一只牧牛从花豹口中救出牧童的动人场景。杜困回到村庄之后，与众民间艺人创编了这一民间舞蹈，并把豹子改成了虎，起名“牛斗虎”。

表演《牛斗虎》由五人组成，两人舞牛头、虎头；两人演牛尾、虎尾，一人扮演牧童。包括“老虎觅食”“深山放牧”和“牛虎争斗”三个部分，虎的主要动作有趔虎势、搜山势、望山势和捕食势四大势，立、卧、坐、缩、滚、上山、下山和跳涧势八小势和24个平阳，其中24个平阳势贯穿于整个舞蹈之中，分别刻画老虎的勇武凶猛、精明顽皮情态。牛也有犀牛望月、趔叉舔背、吃草、缩叉、挖耳等动作，将牛的稳健壮美、朴实顽强描绘得惟妙惟肖，表现得淋漓尽致。牛虎争斗，动作优美，刚柔并济，情节逼真，栩栩如生，扣人心弦，是整个舞蹈的高潮。

“牛斗虎”表演

● 训练“牛斗虎”表演

2006年民间舞蹈《牛斗虎》被陕西省政府列入第一批非物质文化遗产保护项目。

道情，是道教宣传教理教义为道教服务的一种形式，经过长期演变，逐步形成演唱有故事情节的民间曲艺。楼观台脚下，有个叫军寨（因唐代驻军于此而得名）的小村庄，千百年来，村民们时常利用农闲时聚在一起吹吹打打、唱着一种悦耳的曲子，这便是至今仍在传唱的曲艺——《军寨道情》。

●《军寨道情》演奏场面

楼观夜景

《军寨道情》演唱的内容以八仙为主，表现道家的戒杀放生、恤孤怜贫、除恶扬善以及儒家的忠、孝、节、义等，演唱的戏目主要有《鞭打芦花》《百花山》《卖道袍》等。演唱方面具有细致婉转、悦耳动听、热闹红火等特点。其中"波"（集体接音）是其他剧中少有的，目前还保留着大量古代手抄剧本。2006 年《军寨道情》被陕西省政府列入第一批非物质文化遗产保护项目。

楼观镇利用自己特有的资源优势，确立了"生态立镇、文化名镇、旅游兴镇、产业强镇"四大建设理念，努力打造一个融合关中地域与道教文化为特色的精品名镇。

穿越历史的村镇

人杰地灵

集贤古镇

风光旖旎集贤士，财神出在赵大村。
敕封皇会道光帝，鼓乐社火响入云。

在秦岭北麓距周至县城东南28公里的地方，有一个拥有悠久历史的古镇，这里不仅自然风光秀丽，而且人文景观众多，既有传说中原始天尊修炼的住所、太上老君炼丹的火炉以及被封为武财神的赵公明故里等，还蕴藏着丰富的民风民俗，流传着许许多多带有传奇色彩的民间传说。它就是享有“中国鼓乐之乡”“华夏财神故里”美誉的集贤古镇。

集贤古镇

十贤论道古集贤

集贤镇所在地集贤村，原名南集贤，分东西两堡子，是关中地区历史最为久远的古镇之一。据史料记载：集贤古镇的历史可上溯至西周初年，当时有先民居住于此，历经秦汉，逐渐扩大，形成较大的村庄。至于“集贤”名称的由来，还得从镇中的贤士庙说起，它源于南北朝时期北周武帝的灭佛时期。

佛教自东汉传入中土以来，到南北朝时期已非常兴盛，佛教寺庙往往享有免税权，而且还占有一定数量的田地，拥有奴隶等特权，隐匿了大量人口，造成了社会财富向佛寺的大量集中，影响了国家的赋税收入。加之佛教徒犯戒事件也屡有发生，严重影响了社会发展秩序。为弥合三教（佛教、道教、儒家）的分歧，实现三教和谐相处的局面，建德二年（573）官方决定三教的先后次序，以儒为先，道次之，佛教最后。建德三年（574）五月十五日，北周武帝宇文邕下诏禁止人民信奉佛、道二教。三年后又针对继续发展的佛教实体，推行灭佛政策。后来史学家将这次灭佛事件与北魏太武帝灭佛、唐武宗灭佛事件合称为“三武灭佛”。因这三位帝王的谥号或庙号都带有个“武”字，若再加上五代十国时期后周世宗的灭佛时间，则合称为“三武一宗”，在佛教史中又称“三武一宗之厄”。

北周武帝宇文邕，是一位雄才大略的君主。在推行断佛、道二教的同时，命令王延校订三洞经图、符箓等八千余卷，并在终南山下的集贤古堡修建别馆。王延相邀严达、苏道标、法明、周化生、王真微、史道乐、于章、张法成、伏道崇等九名道友同到山下集贤古堡西社校订三洞经图。他们谈论道家方术，志趣相投，流连忘返，沉醉其中，完全忘记了身后的大千世界。他们共同起居，密不可分，世人把他们称为“田谷十老”，在此一住就是三年多。

修书期间，一有空他们就到村子里游走，很快就跟村里的人交上了朋友。十老见古堡村落散乱，就召集东瀛、南北新城、当堡等五村村首坐在一起协商合村之事。十老首先陈述了合村后的好处，得到了五村村首的认可。于是会后，五村积极行动，很快完成了五村的合并。十老在合并后的村里开办了一所学馆，十老亲自担任学馆先生，教授村中农家子弟学习文化。十老十分喜欢古堡人，古堡人也拿十老当自家人看待，谁家有事都愿意去找他们商量，每当有乡亲登门，十老都非常热情地帮助解决。

三年后，十老又回了通道观，但他们还拿集贤古堡当自己的家乡，时常回到堡里看望乡亲们，堡里的人也隔三岔五到通道观去看望他们。正是王延等十位有德行的贤人，为当地百姓做了许多好事之后，村里长辈为了让村上的后世子孙永远记住“田谷十贤”的恩德，就在村里建起了一座贤士庙，请来工匠为“田谷十贤”塑了像，还把他们的事迹彩绘在庙内墙壁上。于是人们将此地称为“集贤堡”或“十贤

集贤十贤庙

故里”。

除此之外，在当地还衍生出多个版本的传说：南北朝时，这里居住着一户人家，一家三口，一对夫妻周氏、周陶氏和一位老父亲。周氏夫妻俩勤劳孝顺，被周围人认为很有德行。有一天，周氏下地干活，妻子周陶氏给他送饭，在送饭的半路上碰到一位可怜人（一说为隋文帝装扮），就把饭菜让他吃光了。然后周陶氏返回家里重新做了饭，再去送饭时，在路上又碰到几个人，听他们说已经几天没吃过饭了，再次把饭菜送给他们。

当饥肠辘辘的丈夫听说此事后，不但没埋怨妻子，还问够不够？要不就回家好好做一顿让他们吃。从此这对夫妻俩贤良的名声传了出去之后，很多外村的人都想搬到他们旁边居住，与他们做邻居。渐渐地，人多了，村子大了。有一天，大家觉得该有个村名了。有人说，能过上好日子，都是因为周陶夫妇的帮助很大，男也贤，妻也贤，就叫男妻贤吧。周陶夫妇摇摇手说，不行，应属大家共建，就叫集贤吧！集贤由此得名。

集贤镇贤士庙内一角

财神赵公明故里

财神是中国民间普遍供奉的善神之一，每逢新年，家家户户悬挂财神像，希望财神保佑以求大吉大利，真切的祈望成为人们的普遍心理。求财纳福的心理与追求，充分反映在春节敬祀财神的一系列民

赵公明（岱青画作）

俗活动中。

民间奉祀的财神有好几位，武财神关羽、文财神比干、范蠡，但影响最大的要数赵公明了。赵公明，名朗，亦称玄朗，字公明，又称赵玄坛（玄坛是指道教的斋坛，也有护法之意），京兆周至县赵大村人士。其形象多为头戴铁冠，手持宝鞭，黑面浓须，身跨黑虎，面目狰狞，因此人们又称其为武财神。又因他与招宝天尊萧升、纳珍天尊曹宝、招财使者陈九公、利市仙官姚少司并称五路财神，希望他们可以为信徒带来东方、西方、南方、北方与中央五个方位的财运。所以，赵公明号称"华夏第一正财神"。

据当地传说赵公明出生在贫寒之家，年轻时在木材店帮工，力大技精，背运木材。为人诚实守信，见义勇为，深得工友信任。木材商对他十分赞赏，经常奖励他。赵公明攒下钱财以后，又借贷工友的钱款，凭着勇气、胆识和诚信，自任木商，进行经营。赵公明目光远大，胸怀

赵大村财神庙

宽广,客户自然信赖他,争着和赵公明做生意,积累了巨额财富。有人借赵公明的百金做生意,不料想遭遇天灾亏了本,一时无力偿还债务。赵公明仅仅让其还了一双筷子,抵消所欠的债账,为富行仁。赵公明不但周济贫困,出手大方,而且资助国家的军事行动,亲自参军打仗,十分勇敢。赵公明一边经营商业,一边到终南山楼观拜访道家学者,精研道理修得正道。赵公明驯养了一只曾经骚扰平原百姓的黑色老虎,人们视为奇迹,称为赵公明的黑虎坐骑。赵公明讲信用、扶贫助困、学道修行、和美处事、善于隐讳,集众多美德于一身,后受福禄寿三神点化,他食桃为仙,民间敬之为财神。《封神演义》也记载:姜子牙奉元始天尊之命封之为"金龙如意正一龙虎玄坛真君",主管人间钱财,于是人们更把赵公元帅奉若至圣至真财界真神,并敬之以求福财,流传古今逐成习俗。

后代假托为东晋陶潜创作的《搜神后记》记载:"赵玄坛,秦代人,得道于终南山。"明代的《三教源流搜神大全》也说:"赵公明,终南山人,头戴铁冠,手执铁鞭,面如黑炭,胡须四张。跨黑虎,授正一玄坛元帅。能驱雷役电,呼风唤雨,除瘟剪疟,祛病禳灾。如遇讼冤伸抑,能解释公平,买卖求财,宜利合和,无不如意。"

明、清两朝多次修订的《周至县志·古迹》记述:"财神赵公明,赵大村人。村中有赵公明庙,赵公元帅墓。"该村原名枣林村,后因赵公明官至大夫而得名为赵大村,位于集贤镇西3公里处。

赵大村东有赵公明墓,封土堆十分高大,封土前有一亭,亭前有碑,其庙已毁于20世纪70年代,仅存有明万历九年(1518)八月十五日(距今420余年),所立《重修赵公元帅庙碑》一通和一些清代光绪年间维修时建材遗物。从碑文中大致可知当年庙宇景观:财神旧庙为三间砖木结构,梁架式,石山墙。现墓前石碑由中国道教协会会长任法融道长重书而成。根据"文革"中平坟造田出土的唐代砖石以及大量开元通宝铜钱等遗迹,可以推断赵公明庙早在开元年间就已存在,可谓历史久远。

财神庙现存的古碑文告诉我们,自明代嘉靖年间以来,当地民间都要在每年正月初一到十五(求财节),农历三月十五日(财神生节),

六月初六日（古庙会），八月十五日（还愿节）举行盛大的祭祀财神礼仪活动。祭祀礼仪分敬神、迎神、求签、还神、送财气、财神舞等仪程，包含了大量的古文化信息。研究挖掘祭祖礼仪，对于研究中国古代民俗文化、宗教文化、礼仪文化有重要的历史意义。

每年除夕吃饺子，外形像元宝，然后彻夜不眠，等待凌晨迎接财神。半夜时分，由贫寒子弟、街头小贩等装扮财神，带上财神画像，串街走巷，挨门沿户叫道："送财神了。"一个除夕夜，有时一家接十几张财神。财神到家，越过越发。

祭祀赵公明，还有农历大年初一争烧头炷香的习俗。村民半夜就起身，在寒风中伫立守候，待到鸡叫第一声，迫不及待地涌进财神庙，燃起一炷香，恭敬地献给赵公明。据说第一炷香能给全家带来一年的彩头。每月初一、十五亦有村民前往敬奉财神。财神赵公明的信仰广泛分布在中国大陆和港澳台，影响到东南亚地区以及世界华人住地。

赵公明陵

悠久的历史、淳朴的民风造就了集贤形式多样的娱乐形式和民俗活动，尤以集贤古皇会、正月打社火、集贤鼓乐和殿镇锣鼓最为有名。

集贤鼓乐文化艺术节

道光敕封古皇会

嘉庆三年（1798 年），白莲教一部欲攻打长安，由城固县和洋县一带进入集贤，与当地村民发生冲突而大开杀戮，死伤7000余人，致村中河流成血河，时称杀河（现村中南北大道之地）。道光年间皇帝御旨祭祀逝者，遂形成皇会。每年农历二月二十五到二十八于集贤镇西村举行皇会，由村长读祭文，并进行秧歌、社火表演和鼓乐演奏，延续已200余年，近年已形成物资交流大会。

新中国成立前，集贤堡子旧城墙，周长九里三，新城扩大，周长十五里，城墙高三丈，底宽三丈五，顶宽一丈二，城墙上可以跑马，有东西南北四大城门，又有小北门，大楼北门，西南门有里门和跑马道，东城门楼上书“地胜东流”，南门上书“十贤故里”，西门上书“西望涂地”，北门上书“古风犹存”，东南门上书“迎旭”。城内庙宇三十六座，城内街巷分三十旗。城内最大的庙宇寺院有“古峰寺”，东庙、西庙和中间的药王庙，就是闻名几十里的集贤药王殿十字，这里是古堡最繁华的地方，各种门面店铺、小吃摊点、客商云集，一派热闹非凡的场面。

过皇会期间，商贾云集，物品丰杂，经商者、逛会者等，人如潮涌，络绎不绝，秧歌、社火表演和鼓乐演奏热闹红火，其声名远播西北及全国各地，又成为西北地区人文往来的历史盛会。

智慧比拼打社火

所谓打社火，就是通过打斗的形式让对方出来耍社火，从每年正月初二开始，由历史形成的固定的两个对垒的社厢互相挑战。骑着骡马到对方街道按一定规则进行叫阵挑衅，这样的互相叫阵甚至略带“羞辱”性，使双方的情绪不断高涨，场面不断“升级”。之后便是互相比社火斗智慧。大伙在这冲破平时规则的活动中，褪去一年来所有的劳累和重压，而且对阵各方的关系反而更加亲近。耍社火一直到正月十七八才逐渐结束。再如腊八节。如果在过去的一年里邻里之间有什么矛盾纠纷或不愉快的事情发生，借着这个节日通过送腊八粥的活动使以往的结怨得以化解。这个传统节日反映出我国农业社会时期村民自治的社会整合功能，在今天仍有着十分重要的现实意义。此外还有祭祖、拜年、走亲戚、送灯笼等。其他节日的仪式也独具特色，在一定程度上体现出民间文化的原始性。

活动期间，不管是寒风凛冽还是鹅毛大雪的天气，参与者中无论是五六十岁的老头，还是五六岁的小男孩，均光着身子只穿裤头，手执鞭炮向对方阵地奔跑，叫嚣着，呐喊着，真是一派雄赳赳、气昂昂的状态，让人惊讶、感叹、震撼，这一传统民俗被陕西省电视台《秦风民俗》摄制组评为最具关中民风民俗的民间群众文化活动之一。

集贤鼓乐传千年

集贤鼓乐是西安鼓乐的一个重要代表团队。唐安史之乱时，宫中一姓王乐人避乱至聖寿寺传入集贤村。现今集贤鼓乐分东西两社，共有乐人 80 余名；存有清道光年间手抄半字古乐谱 60 余册；保留古乐曲目 300 余首。集贤鼓乐的乐器分为打击和吹奏两部分。打击乐器有鼓、锣、镲和梆子等。吹奏乐器有筝、阮、笙、管、笛、箫、琴等。乐曲分行乐、坐乐和韵曲三种形式。行乐有：红沙、路由、满园春等。坐乐有：梢板、歌章、天发芽、霸王鞭、四季平安、南吕一枝花、破阵、群英宴等。韵曲有：柳青娘、扑灯蛾、葫芦峪、茶叶词、九条龙赞、四合四、点点小、深沟担水、耍社虎、三拿业、德胜令、官门子、九九艳阳天、十板头、坐帐、石榴花、斩狐狸、打棍、柳生芽、水龙峪、粉红莲、过潼关等。2006 年，集贤古乐成功申报为国家级非物质文化遗产保护项目。2009 年又被联合国教科文组织列入人类非物质文化遗产代表作名录。

殿镇村原名“殿紫头”，取“紫气东来”之意。自唐朝起，殿镇就存在。殿镇八卦锣鼓，原名“殿镇老鼓”，古而原始，是一种独具特色的打击乐表演形式。据传八仙得道成仙之后，在楼观台聆听老子讲经论道，探研八卦易理，穷究天地奥秘，演练期间，就形成了殿镇老鼓的最早雏形——八卦阵鼓。

殿镇老鼓由道教中的“八卦阵”演变而来，随着时代的推移也就形成了自己独具格式的韵律、鼓谱——“长经鼓”“十样景”，欢快、激情、激昂、铿锵、沉稳、悠扬、轻悦，以易经原理，以一面大鼓作为太极，两面中鼓象征两仪，四面镗锣吻合四象，八面小鼓暗喻八卦，然后八面桶鼓、八副小铰、八副小锣、八个手鼓，三十二副大铙象征着六十四卦象，整个鼓阵形成后，浑然一体，敲打起来恰似平起春雷，震撼山岳。

殿镇八卦锣鼓一年逢农历二月初二龙王庙会、四月初一关公庙会、七月初十元始台古庙会、十月初一四古社小庙会四次表演。表演分别以耍社火、朝庙拜神助兴庆祝，其场面盛大之极，远近闻名。2011年殿镇八卦锣鼓分别被列入陕西省和西安市非物质文化遗产保护名录。

集贤镇凭借其独特的地理优势、丰富的自然资源基本形成了秦岭国家植物园、华夏财神故里、中国古乐之乡等特色品牌。目前着力打造总面积为20平方公里的集贤产业园，显示出了较好的发展前景。

集贤镇庙会